LA MALTÉIDE

OU

LE SIÉGE DE MALTE.

TOME I.

Dans malte commandait un illustre grand maître :
Héros, chef admiré, que la France a vu naître,
Lavalette .... *Maltéide, ch. 1er*

LA MALTÉIDE

OU

LE SIÉGE DE MALTE

PAR SOLIMAN II, EMPEREUR DES TURCS:

POËME EN SEIZE CHANTS,

AVEC DES NOTES,

PAR N. HALMA JEUNE.

SECONDE ÉDITION.

TOME PREMIER.

PARIS.
J.-M. EBERHART, IMPRIMEUR DU COLLÉGE ROYAL DE FRANCE,
RUE DU FOIN SAINT-JACQUES, N° 12.

1817.

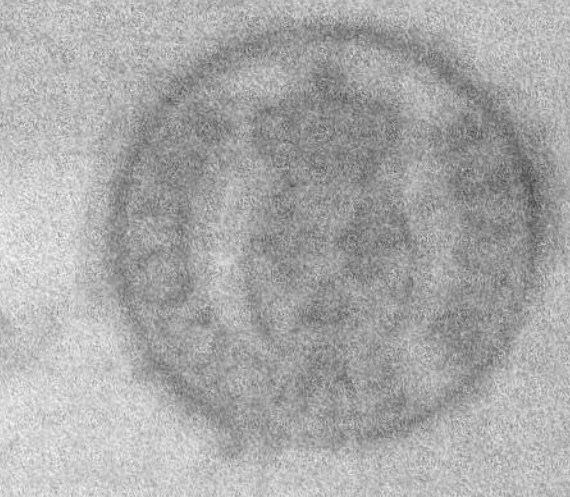

A MESSIEURS

LES CHEVALIERS DE MALTE.

MESSIEURS,

L'UNIVERS a retenti du nom des Chevaliers de Malte : l'esprit d'une solide piété, joint à la réputation des armes et à l'éclat d'une rare valeur, a immortalisé leur Ordre dans les annales du Monde-chrétien. Toutes les fois que l'honneur les appelait aux combats, ils y apportaient cette sagesse, cette fermeté d'ame qui les ont fait si souvent triompher, et sans lesquelles il n'y a point de véritable courage.

C'est là, Messieurs, *ce grand caractère que j'avais à saisir dans le poème de la Maltéide dont je prends la liberté de vous faire hommage, heureux si, en m'élevant à la hauteur de mon sujet, j'ai pu réussir à peindre cette sublimité d'actions, qui a fait autant de héros des guerriers dont je rappelle les noms. J'aurai du moins la gloire de l'avoir tenté; et mes efforts n'auront pas été vains, s'ils peuvent me mériter l'approbation de ces nobles Chevaliers que l'Ordre de Malte voit encore aujourd'hui marcher sous sa bannière, et dont il s'honore à si juste titre. C'est cette récompense que j'ambitionne, comme étant la plus digne de flatter l'homme de lettres qui a consacré sa plume à l'héroïsme et à la vertu.*

Je suis avec un profond respect,

Messieurs,

Votre très-humble et très-obéissant serviteur,

N. Halma jeune.

PRÉFACE.

En offrant au public une nouvelle édition du POEME DE LA MALTÉIDE, on a compté sur l'importance de son sujet, et sur l'intérêt qu'il doit exciter dans des circonstances qui ne peuvent que lui être favorables.

Le retour de la paix; les bienfaits qu'elle promet à la France, qu'elle lui assure par la suite, font espérer aux lettres de recouvrer bientôt leur première considération. Cet espoir est fondé sur des tems de calme et de prospérité, sans lesquels les arts languissent ou plutôt disparaissent des États.

Dans ce moment où tant d'illustres personnages revoyent le sol heureux de l'ancienne France, quel ouvrage de littérature pourrait leur être plus agréable, pour son sujet, que le POEME DE LA MALTÉIDE? Ce poëme est consacré à célébrer les hauts faits d'un Ordre composé d'une partie de la Noblesse de l'Europe chrétienne, qui, à l'exemple du Grand Maître Jean Parisot de la Valette, s'est couverte d'une gloire immortelle, par des actes de vertu, de dévouement, et par des traits de la dernière valeur.

Publié pour la première fois en l'an 1811, dans un tems de calamités, où les esprits distraits à tous momens par des événemens plus ou moins malheureux, ne portaient leur attention que très légèrement, ou point du tout sur des choses de pur agrément, le POEME DU SIÈGE DE MALTE n'a pu d'abord exciter tout l'intérêt dont il était susceptible par l'importance de sa matière.

L'accueil dont le public a cependant bien voulu l'honorer; les éloges et la critique judicieuse de plusieurs journaux ont engagé l'auteur de la Maltéide à revoir son ouvrge, à le retoucher, à le rendre plus complettement digne des suffrages des personnes de goût.

Quel souvenir ne rappelle point un tel poëme? quels sentimens ne doit-il pas inspirer pour des hommes que l'histoire nous peint avec de si grands traits! il n'y a personne qui, en la lisant, ne soit étonné de leur résistance dans le siège qu'ils eurent à soutenir contre les troupes de Soliman; mais s'ils se couvrirent de gloire par leur défense, les Turcs se signalèrent aussi par les efforts qu'ils firent pour s'emparer des forteresses de leur île.

C'est cette lutte mémorable qui fait le sujet du POEME publié sous le titre de la MALTÉIDE, ou le SIÉGE DE MALTE par SOLIMAN II. L'auteur a pris dans l'histoire de ce siége ce qui pouvait intéresser davantage le lecteur, et donner lieu à des images capables de fixer son attention. Il a peint des héros qui n'avaient pas encore été chantés et qui méritaient de l'être. Les Chevaliers de Saint-Jean de Jérusalem (plus connus sous le nom de Chevaliers de Malte); leur Grand-Maître Jean de la Valette; Dragut; Hascen, vice-rois d'Alger et de Tripoli; Piali, amiral du Grand-Seigneur; Mustapha, général en chef de l'armée ottomane; Soliman, empereur des Turcs, l'honneur du Croissant par ses exploits et son grand caractère, tant de héros étaient dignes de figurer dans un poëme qui fît revivre leur renommée.

Mais c'est sur-tout des Chevaliers et de leur Grand-Maître qu'on entreprend de chanter les vertus guerrières, vertus dont l'éclat rejaillit sur la plus grande partie de l'Europe. La France, l'Espagne, l'Angleterre, l'Italie, l'Allemagne, etc., tous les États catholiques, ont à se glorifier des hauts faits qui ont si éminemment illustré les Chevaliers de leur langue, dans la défense de Malte contre les forces de l'Orient.

Le poëme qui retrace tant de belles actions, offre dans ces Chevaliers des personnages rares, des hommes nouveaux pour le lecteur, des guerriers qui alliaient au courage le plus déterminé la piété la plus sincère, la charité la plus ardente, et toutes les vertus d'une religion sainte qui faisait d'eux des hommes tels, que l'histoire en montre peu de semblables. Dans leurs expéditions, ils n'en effectuaient aucune sans l'avoir, pour ainsi dire, sanctionnée par les actes de cette religion, au service de laquelle ils s'étaient consacrés. L'honneur, l'attachement à leurs devoirs, le dévouement le plus sublime, une valeur, une force d'ame au-dessus de tous les périls, une grandeur de sentimens digne des plus beaux siècles de l'héroïsme, telles sont les qualités qui distinguaient cette société religieuse et militaire, l'élite de l'Europe.

On serait tenté de croire, avec quelque fondement, que le POEME DE LA MALTÉIDE peut être regardé comme national par les Français. Outre les Chevaliers de cette langue, qui étaient en grand nombre dans Malte, on y voit un Parisot de la Valette, chef de l'Ordre, originaire de France, qui se signala plus que personne dans le siége de l'île, puisque c'est à sa fermeté, à son courage insurmontable, que Malte dut son salut ; et quoique le poëme ne porte point son nom, il le représente avec tant d'importance, qu'il semble en être le héros principal : c'est d'ailleurs par ce Grand-Maître qu'en partie le dénouement s'opère.

Il eut dans *Soliman* un ennemi grand et généreux, et dans ses bachas ou généraux d'armée, des adversaires d'un courage distingué. L'auteur du poëme, en les faisant agir, leur a conservé l'éclat dont ils se sont couverts : il a montré dans le sultan un prince magnanime, un conquérant renommé, qui ne s'abonne à des ressentimens, que par l'excès de la douleur où le jettent un violent amour et l'outrage fait à sa Hautesse.

Dans son entreprise contre Malte, la résistance des Chevaliers est un éternel monument de leur vaillance. En effet, qui ne verrait avec admiration une poignée de guerriers, n'ayant plus que des débris à défendre, sur des remparts démantelés, ouverts de toutes parts, arrêter pendant quatre mois entiers, et par sa seule valeur, l'armée formidable des Turcs; lui enlever par le fer plus de trente mille hommes, et forcer le reste de cette armée à regagner précipitamment ses vaisseaux? Après des témoignages si éclatans de courage et d'héroïsme, il est impossible que l'on ne conçoive point la plus haute idée d'un Ordre où se formaient de tels guerriers : on peut, avec raison, mettre ces défenseurs de Malte à côté des trois cents spartiates, dont le dévouement et l'intrépidité arrêtèrent l'armée innombrable des Perses.

Soliman qui avait juré par sa tête de les exterminer, chargea de cette expédition deux de ses généraux, *Piali* et *Mustapha*. *Piali*, quoique d'une naissance inconnue, avait beaucoup de part dans la faveur du monarque, qui lui avait même fait épouser une de ses filles. *Soliman* le nomma bacha de la mer; et dans cette occasion il lui donna, en qualité d'amiral, le commandement de sa flotte.

Plusieurs victoires considérables que *Mustapha* avait remportées, lui avaient attiré l'estime et la confiance du Grand-Seigneur : il fut nommé par lui général en chef des troupes de débarquement. C'était un viel officier, âgé de soixante cinq ans, dur et sévère dans le commandement, cruel et sanguinaire à l'égard des ennemis qui tombaient entre ses mains, et qui se faisait sur-tout un mérite de violer la foi et la parole qu'il donnait à des Chrétiens.

Outre ces généraux, *Hascen* et *Dragut*, vice-rois ou bachas d'Alger et de Tripoli, eurent ordre de se rendre à la tête de tous les Corsaires de Barbarie devant le port de Malte, et d'y venir joindre la flotte ottomane sitôt qu'ils auraient appris qu'elle y serait arrivée. *Soliman* fit les plus grands préparatifs pour le succès de cette entreprise : on arma par son ordre, dans toute l'étendue de l'Empire, le le plus grand nombre de vaisseaux et de galères qu'on put trouver dans ses ports, en état de tenir la mer. On lui en amena d'Alexandrie, de Rhodes, etc.

Le Grand-Maître de la VALETTE, quoiqu'intérieurement ému de cet armement, ne s'en épouvanta point. Après avoir reçu le serment de tous ses Chevaliers, de répandre jusqu'à la dernière goutte de leur sang pour la défense de leurs murs, dans la crainte d'être prévenu et surpris par les ennemis, il résolut d'assigner à chaque langue les postes qu'elle devait défendre.

Enfin la flotte des Turcs parut à la hauteur de Malte, le 18 mai 1565.

LA MALTÉIDE.

CHANT PREMIER.

SOMMAIRE.

Soliman, épris des charmes d'Elvire, jeune grecque d'une beauté parfaite, lui a donné la préférence sur toutes ses femmes : elle est devenue sultane favorite et l'objet de toute sa tendresse. — Mahomet change en un instant son bonheur. Pour se venger de Malte, il sort de son cercueil, assemble des esprits ténébreux sur qui l'enfer lui a donné tout pouvoir ; il leur ordonne de partir pour Byzance (*) et de s'y répandre. — Récit de ce qui se passe dans cette ville et au Sérail : effroi de Soliman et d'Elvire. — Mahomet, qui leur parle, veut que la sultane vienne à la Mecque lui présenter son offrande. Elle s'embarque ; mais pour exécuter son dessein, Mahomet court lui-même avertir un corsaire ennemi, et le presse de fondre sur l'équipage, à la tête de l'escadre maltaise qui le suit. — Combat livré au vaisseau qui porte Elvire : elle est prise par le pirate Ismar, musulman traître à son prince, lequel s'était joint contre lui aux corsaires de Malte. — Soliman devient furieux : il jure de punir un tel outrage en exterminant l'Ordre des Chevaliers, etc., etc.

(*) Byzance, ancien nom de Constantinople.

LA MALTÉIDE

OU

LE SIÉGE DE MALTE.

CHANT PREMIER.

Je chante l'héroïsme, et les travaux guerriers
De ces hommes vaillans et pieux Chevaliers,
Qui parmi les assauts, les sanglantes batailles,
Affrontèrent la mort pour sauver leurs murailles,
Et qui, vainqueurs enfin d'un ennemi puissant,
Délivrèrent leurs bords des armes du Croissant.
D'un sang cher à l'honneur leur milice formée
Avait sur mille exploits bâti sa renommée.
Elle régnait dans Malte, et long-tems sur les eaux
De l'Europe chrétienne assura le repos.
  Vierge sublime, ô Muse! apprends-moi quelle offense
D'un sultan redoutable excita la vengeance :
Retrace ses ennuis, son dépit, son tourment :
Dis et son désespoir et son ressentiment,

Lorsqu'un traître, poussé d'une aveugle furie,
Lui ravit sans retour une femme chérie :
Dis combien Soliman livra d'assauts fameux
Pour venger par le fer son outrage et ses feux.
Ce prince aimait Elvire. Amant fier de lui plaire,
Il nourrissait pour elle une flamme sincère.
Loin pourtant que l'amour, réglant seul ses desirs,
Asservît son courage à de lâches plaisirs,
Guerrier plein de valeur, aux champs de la victoire,
Il courait moissonner les palmes de la gloire :
Et lorsque le devoir, plutôt que le repos,
Au palais des sultans rappelait ce héros,
La jeune et douce Elvire, objet de sa constance,
Sur cent autres beautés avait la préférence.
Elle ne devait point à de faibles attraits
Ce choix que Soliman ne démentit jamais.
Sa touchante candeur, sa grâce enchanteresse,
Ses sentimens sur-tout, gages de sa tendresse;
Le pouvoir de ses yeux, un ascendant vainqueur
De l'auguste monarque avaient fixé le cœur.
La nature, en formant cette aimable mortelle,
S'était plue à verser tous ses bienfaits sur elle.
Quel charme en son maintien, quelle noble fierté !
Dans ses traits ravissans triomphait la beauté.

On eût dit que Vénus, lui cédant sa parure,
Pour elle avait daigné dénouer sa ceinture.
Honorée et chérie, au sein de la grandeur,
Cette amante goûtait un souverain bonheur:
Il comblait tous ses vœux. Mais qu'il fut peu durable!
Il se changea bientôt en un sort déplorable.
Dans quel chagrin mortel, dans quel affreux revers
Tout-à-coup la plongea le courroux des enfers?
Au séjour de la Mecque où vainqueur de Zopire,
Mahomet du Croissant fonda le vaste empire,
Règne encor ce prophète, adroit dominateur
D'un peuple dans son culte entraîné par l'erreur.
Là, tandis que son corps jadis éteint par l'âge,
Dans la nuit du cercueil reçoit un saint hommage,
Son ame veille, agit, triomphe de la mort,
Et superbe toujours veut commander au sort.
A Médine elle vole ou plane sur Byzance:
Chaque jour elle y vient contempler sa puissance,
Et, rivale du Christ, se livrer au dessein
D'exterminer dans Malte un ennemi voisin;
D'y venger l'Alcoran de ses sanglans outrages;
De soumettre à sa loi ces orgueilleux rivages.
Cependant, de sa haine insurmontable objet,
Malte bravait encor cet insensé projet;

Et la croix du salut flottant sur sa bannière,
Défiait des sultans la puissance guerrière.
Mahomet en fremit, jure dans son courroux
Que lui-même il ira l'abattre sous ses coups :
Et méditant sa chute, il veut que la Vengeance
Lui vienne avec l'enfer prêter son assistance.
Du fond du noir abyme, où seul est son appui,
Des esprits furieux sont évoqués par lui.
Aussitôt, revêtu de sa forme première,
Devant eux l'imposteur lève sa tête altière.
« Compagnons, leur dit-il, de mes anciens travaux,
» Voyez-vous des Chrétiens les outrages nouveaux?
» Leurs complots contre nous, la chaine injurieuse
» Où nous tient asservis leur île audacieuse?
» O de mes volontés ministres ténébreux!
» Puissans soutiens jadis d'un peuple valeureux!
» Réveillez aujourd'hui cette soif du carnage
» Qu'allumait dans les cœurs notre antique courage.
» Amour, toi-même, Amour, dieu cher à mes États,
» Arme-toi, cours punir d'insolens attentats :
» Au cœur de Soliman accrois encor la flamme
» Où ce prince en secret abandonne son ame;
» Verse en lui tous tes feux. Brûlé de leur ardeur,
» Qu'il aille me servir avec plus de chaleur.

» Et vous, ô passions, du monde souveraines!
» Maîtresses des mortels, assouvissez nos haines.
» L'enfer qui vous conduit m'a donné tout pouvoir.
» Le meurtre qu'il prescrit est pour vous un devoir.
» Vous tous, démons, fureurs, armez-vous pour sa cause:
» Des succès qu'il attend sur vous il se repose.
» Allez: et signalant votre zèle pour moi,
» Portez dans le Sérail et le trouble et l'effroi. »
Tel était son discours. La horde impatiente
Dans Byzance aussitôt court semer l'épouvante:
Son infernal aspect y fait pâlir le jour.
La plus obscure nuit descend dans ce séjour,
Et le ciel menaçant, entrouvrant ses nuages,
N'y donne pour flambeau que le feu des orages.
La frayeur s'en répand, le peuple est consterné:
Dans les temples, en foule, interdit, prosterné,
Il fait à Mahomet d'inutiles prières.
En redoublant d'éclat, d'effrayantes lumières
Des cieux à tous momens percent la sombre horreur.
Les plaisirs du Sérail font place à la terreur.
Au bruit, aux cris aigus qui frappent cette enceinte,
Elvire et Soliman sont glacés par la crainte.
Tout-à-coup l'air mugit: d'affreux et longs accens
Réveillent tout ensemble et saisissent leurs sens.

Ils entendent ces mots et cet arrêt terrible:
« Le ciel parle, sultan! ne sois point inflexible.
» Loin que l'amour ici consume tes loisirs,
» Plus fidèle au devoir, qu'il serve mes desirs.
» Qu'à ma voix aujourd'hui la sultane se rende,
» Et me vienne, à la Mecque, apporter son offrande.
» Sa présence m'est chère, et j'exige ses vœux:
» Qu'elle parte ou tremblez.... » Cet ordre rigoureux
Jette en ces deux amans une alarme soudaine.
La sultane est tremblante; elle respire à peine.
L'épouvante en son cœur au trouble a succédé,
Et Soliman lui-même en est intimidé.
  Mais bientôt de son ame il sait bannir la crainte.
La voix qu'il vient d'entendre est pour lui toute sainte.
Il fait taire le soin qui le tient agité;
Et de lui Mahomet est le seul écouté.
Tout rempli de son ordre, il sort, commande, presse,
Avance le départ de l'auguste princesse:
Et dans le même instant la terreur a cessé.
Les ténèbres ont fui, le ciel s'est appaisé.
Il reprend son azur, son calme secourable,
Et fait souffler un vent aux nochers favorable.
Dans le port on équipe, on décore un vaisseau
Où s'offre avec le faste un appareil nouveau.

Ses mâts, son pavillon, par leur magnificence,
Du plus grand des sultans annoncent la puissance.

Quoiqu'il dicte lui-même et hâte ces apprêts,
Soliman, dont l'amour éveille les regrets,
Revient, aborde Elvire et voit couler ses larmes.
Quel intérêt ces pleurs ajoutent à ses charmes !
A son touchant aspect, le monarque interdit
Pousse un profond soupir, et tout ému lui dit :
« Elvire, digne objet des soins d'un chef suprême,
» Plus cher à Soliman que sa puissance même,
» Tu pars : et dans un choix pour toi si glorieux,
» Eclate en ta faveur la volonté des cieux :
» Toi seule à Mahomet dois porter notre hommage.
» Va : que ton zèle abrège un si pressant message.
» Et toi, divin prophète, ami du Dieu puissant
» Que révère avec moi l'Empire du Croissant,
» Si les pompeux honneurs qu'on te rend à Byzance,
« Nous doivent mériter ton heureuse assistance,
» De ce céleste appui protège mon amour,
» Et d'Elvire à ma foi promets un prompt retour. »
A peine il achevait, rejetant sa prière,
Mahomet lui prescrit sa volonté dernière.
L'air de nouveau s'agite, et le palais deux fois
Fait entendre les sons d'une éclatante voix.

Elvire et le Sultan se lèvent pleins de trouble.
De cette voix encor le même accent redouble :
Et prompte à s'abuser dans son étonnement,
Elvire en croit d'abord un secret sentiment.
« Oui, dit-elle, seigneur, j'accepte ce présage.
» Le ciel, le ciel lui-même ordonne mon voyage :
» A la Mecque il m'appelle; et ses divins décrets
» Promettent mon retour au sein de ce palais.
» Là mon cœur affligé d'une trop longue absence
» Viendra s'en consoler, goûter sa récompense. »
   Après cet entretien, des promesses, des vœux,
Et des sermens donnés pour garans de leurs feux,
A leur secrette peine opposant le courage,
Ils prennent tout pensifs le chemin du rivage.
Un cortège les suit, et par son riche éclat
Fait en lui distinguer les premiers de l'État.
Mais attirant les yeux de cette illustre suite,
Elvire est par le prince à son vaisseau conduite.
Dans leurs tendres adieux, soutenus par l'espoir
Ils font tous deux au ciel des vœux pour se revoir.
Vains souhaits! les destins, malgré tant de constance,
De ces amans bientôt détruiront l'espérance.
Hélas! à Soliman, dans quel état un jour
Les cruels rendront-ils l'objet de son amour?

Sur l'onde cependant un superbe navire
N'attend pour s'éloigner que la sensible Elvire:
Il la reçoit enfin, comme un riche trésor,
Dans l'enceinte où pour elle on a prodigué l'or.
  Mais devant Soliman et sa brillante escorte,
Le vaisseau part, tout fier de la beauté qu'il porte.
Sous l'effort de la voile, il fuit rapidement
Et fend l'humide sein du perfide élément.
L'onde bouillonne, siffle, obéit au bordage,
Et la proue, en l'ouvrant, y trace un long sillage.
D'intrépides soldats, par le zèle excités,
Demeurent sur les ponts, veillent de tous côtés.
De ces fiers Ottomans l'élite menaçante
Forme pour la sultane une garde imposante.
  Cependant vers la Mecque ils voguaient sur les eaux.
Le ciel serein, l'air calme et la mer en repos
Semblaient favoriser un si pieux voyage.
Déjà dans la vapeur se perdait le rivage.
Le vent enflait la voile; et, d'un essor égal,
Le navire des mers sillonnait le cristal.
Elvire alors jouit du plus beau des spectacles.
L'Amour qui sous ses pieds aplanit les obstacles,
Fait rentrer l'Aquilon dans ses sombres cachots,
Et livre aux doux Zéphirs le domaine des flots.

Tous sur l'onde à l'envi voltigeant autour d'elle,
Rafraîchissent ses sens de leurs battemens d'aîle.
Mahomet qui l'observe en cet heureux trajet,
Contre elle arme un pirate, et poursuit son projet.
Soufflant en ce forban la soif de la richesse,
Il veut qu'à l'assouvir à l'instant il s'empresse.
Soudain de sa galère une invisible main
Saisit le gouvernail, et lui trace un chemin.
Une escadre le suit, et ce corsaire avide
Croit entendre la voix du pouvoir qui le guide:
« Hâte-toi, lui dit-elle, un butin précieux
» Offert par la fortune, est non loin de ces lieux.
» Tourne de ce côté; c'est là qu'il faut l'atteindre:
» A plier sous tes coups le sort va le contraindre.
» Cours, vole, et qu'avec toi triomphe la valeur. »
Ces mots d'un téméraire ont enflammé le cœur.
Et tandis que les vents, sous un ciel sans nuage,
Du pilote joyeux secondent le voyage;
Que le navire encor rase les flots amers;
Aidé par Mahomet, son guide sur ces mers,
Accourt l'audacieux et farouche complice
Qu'il vient d'associer à son lâche artifice.
Il attaque, on résiste, et déjà tout combat.
Le plus ardent courroux enflamme le soldat.

L'impitoyable Mars fait gronder son tonnerre;
Et l'air mugit des coups de cent foudres de guerre.
Parmi le bruit, les cris, le salpêtre et les feux,
Chrétiens, Mahométans, dans un tumulte affreux,
Affrontant le trépas, renonçant à la vie,
Montrent des deux côtés une égale furie.
En vain, sur son vaisseau, l'équipage ottoman
Veut sauver la beauté si chère à Soliman.
Il s'épuise en efforts, et dans sa résistance
La mort partout l'accable et trahit sa vaillance:
A la parque il oppose un noble désespoir;
Il brave les destins, s'immole à son devoir.

A sa perte on s'acharne; on saute à l'abordage;
On fait de tous les Turcs un horrible carnage.
C'est avec moins d'audace, avec moins de fureur,
Que fond sur des troupeaux un lion ravisseur,
Qui, brûlant d'appaiser la faim qui le tourmente,
Assouvit dans leurs flancs sa rage dévorante.
Quel tableau s'offre alors parmi les Musulmans!
On n'y voit que débris de meurtre encor fumans,
Que cadavres noyés dans le sang qui ruisselle,
Qu'infortunés luttans contre une mort cruelle;
Tandis que leur vaisseau sans mâts, sans défenseurs,
Va des vaincus dans Malte attester les malheurs.

Ah! que devint Elvire en ce combat terrible?
A force d'épouvante, éperdue, insensible,
Elle allait succomber au sort qui la poursuit,
Et descendre au séjour de l'éternelle nuit.
Cependant on l'entoure, on admire ses charmes,
On brûle de calmer ses mortelles alarmes.
L'éclat de ses attraits éblouit ses vainqueurs.
Pour elle il attendrit le plus cruel des cœurs,
Ismar, le dur Ismar, dont la vertu sauvage
Des amans jusqu'alors avait fui l'esclavage.
D'un seul regard d'Elvire il est vaincu soudain.
Tout le feu de l'amour s'allume dans son sein.
Pénétré d'une flamme aussi prompte que vive,
De tendres soins d'abord il comble sa captive.
C'est ainsi qu'il prétend surmonter ses rigueurs;
Qu'il espère, le traître, acheter ses faveurs.
Jadis ce Musulman commandait les galères;
Mais rebelle depuis à la loi de ses pères,
Du plus saint des devoirs il rompit les liens,
Et s'unit par vengeance aux armes des Chrétiens:
Que n'osait point tenter son ame criminelle?
Jurant à Soliman une haine éternelle,
Sans cesse, avec audace, il courait sur les mers
Exercer l'attentat de ses projets pervers.

Dans Malte qu'il servait, il reçut un asile,
Et de fréquens butins il enrichit cette île.
Loin de là cependant la déesse aux cent voix,
Et du faux et du vrai messagère à la fois,
Publiant des Maltais et grossissant l'offense,
D'un vol rapide accourt vers l'antique Byzance:
Elle y jette l'alarme, et son zèle indiscret
Révèle à Soliman son funeste secret.
Ce monarque outragé par un sujet coupable
Lance contre le ciel un regard redoutable:
Il reproche au destin l'excès de sa rigueur,
Et, dans l'accablement plongé par la douleur,
Immobile, l'œil fixe, il gémit, il soupire;
Il pleure et son affront et le malheur d'Elvire.
Mais il éclate enfin : passant rapidement
De son noir déplaisir jusqu'à l'emportement,
D'une voix menaçante en sa rage il s'écrie:
« Oui, monstres, dont sur moi s'assouvit la furie,
» Infâmes ravisseurs! dans mon juste courroux,
» Je jure par ce fer de vous immoler tous.
» J'irai, vengeur d'Elvire, au sein de vos murailles,
» De vos corps palpitans déchirer les entrailles. »
Il dit, et dans un saint et modeste appareil,
Se présente un vieillard, le chef de son conseil.

C'était de l'Alcoran le ministre suprême:
Il cédait au dépit qui l'agitait lui-même.
On l'admet; il s'avance : un cortège pieux
Le suit, les yeux baissés, triste et silencieux.
Tous aux pieds du sultan frappant du front la terre,
Venaient crier vengeance et demander la guerre.
Mais le mufti se lève, et lui parle en ces mots:
« Digne appui du Croissant, magnanime héros!
» Soleil, dont la justice et dont la bienfaisance
» De tes vastes États ont comblé l'espérance,
» Permets qu'à tes chagrins le peuple, dans les pleurs,
» Joigne ici ses regrets et ses vives douleurs.
» Du coup qui t'a frappé la fatale nouvelle
» A déchiré son ame, a redoublé son zèle:
» Il te supplie, au nom du plus sincère amour,
» D'immoler des forbans plus cruels chaque jour.
» Des corsaires chrétiens le criminel outrage;
» Les Ottomans par eux traînés en esclavage;
» Tes pertes, nos dangers, tout veut que ta valeur
» Extermine dans Malte un Ordre destructeur.
» Ennemi d'un sultan que l'Orient révère,
» Qu'il allume le feu de toute ta colère;
» Punis ces Chevaliers, ces pirates des mers,
» Dont les mains trop long-tems nous ont forgé des fers.

» De l'Europe à la Mecque ils ferment le passage ;
» Et si le Musulman, par un pieux usage,
» Y vient de Mahomet visiter les Lieux-saints,
» Arrêté dans sa course, il tombe entre leurs mains.
» Malte et ses forts sont pleins de tes sujets esclaves ;
» Mets un terme à leurs maux et brise leurs entraves.
» Le glaive en main, seigneur, va, cours les délivrer.
» Eux-mêmes par ma bouche osent t'en conjurer :
» Entends leur voix. Le fils te demande son père,
» Et la mère son fils, et la fille son frère ;
» Vois avec eux en pleurs l'épouse à tes genoux
» Te prier de lui rendre un cher et tendre époux :
» Implorant ta justice, invoquant ta puissance,
» Tous enfin de ton bras attendent leur vengeance. »
Ces mots du fier sultan redoublent le courroux.
« Que tout s'arme, dit-il, et porte au loin mes coups !
» Le ciel commande : allez, indomptés janissaires,
» Allez jusque dans Malte écraser ses corsaires.
» Leurs membres dispersés sur ses débris fumans,
» De ma juste fureur seront les monumens. »
Et non moins irrités, sujets, grands de l'Empire
Font voir quel intérêt à son peuple il inspire :
Ils ne songent déjà qu'à livrer des assauts,
Qu'à traverser les mers sur d'agiles vaisseaux.

Tout s'empresse, tout veut partager cette guerre.
Des milliers de soldats s'épandent sur la terre.
Dans leur marche rapide et leur mâle vigueur,
D'un zèle impatient ils témoignent l'ardeur.
C'est en des lieux voisins qu'ils courent tous se rendre.
Pendant dix jours entiers on les voit s'y répandre.
Ils arrivent en foule, aux sons retentissans
D'instrumens à la fois et confus et perçans.
L'air est troublé du bruit qu'excite leur présence.
   Sur un brillant coursier le monarque s'avance.
Sa vive et riche aigrette éblouit les regards
Avec amour sur lui fixés de toutes parts.
Il visite, il parcourt sa formidable armée:
Il applaudit au feu dont elle est animée,
Et de ce zèle ardent son courroux satisfait,
Par un prochain départ, veut en presser l'effet:
Il l'ordonne. A l'instant, d'une démarche fière,
Défile devant lui cette foule guerrière.
Un spectacle imposant frappe et charme ses yeux:
Il voit dans ses soldats vingt peuples belliqueux,
Dont les rangs hérissés d'armes étincelantes
Joignent à leur éclat cent couleurs différentes.
Le sultan compte en eux des vengeurs, des héros.
Il leur donne pour chefs d'illustres généraux,

Piali, Mustapha, guerriers dont la vaillance
Fait au loin respecter et craindre sa puissance.
A ses rares bienfaits l'un devait sa grandeur.
L'autre, fier de son nom, avait par sa valeur,
Par de constans exploits, fruits de l'expérience,
De son prince à jamais gagné la confiance.
De desirs meurtriers son cœur était brûlant.
Dans l'hiver de son âge, impétueux, bouillant,
Mais de la discipline observateur sévère,
Il portait dans les camps une ame sanguinaire.
  Hascen, Dragut aussi, les plus fiers des humains,
Armaient de durs soldats, farouches Africains.
Ces Bachas, de l'Empire honorés tributaires,
Etaient des Chevaliers les mortels adversaires :
Tous deux brûlaient d'aller attester dans le sang
Leur audace et leur zèle en faveur du Croissant.
  Enfin, prête à partir dès la prochaine aurore,
La flotte l'attendait aux rives du Bosphore.
Ce n'était sur les flots que mâts, que pavillons,
Que navires armés de puissans bataillons.
L'onde cédait au poids de leur masse inactive,
Et la voile à regret y demeurait captive.
Comme elle impatiens, d'implacables soldats
Attendent le signal pour voler aux combats.

Tous, altérés de sang; tous, frémissant de rage,
Ne respirent qu'assauts, que meurtre, que carnage;
Tous voudraient, dans l'excès de leur empressement,
Du départ de la flotte avancer le moment.

Ainsi l'enfer triomphe, et Mahomet lui-même
S'applaudit des succès de son noir stratagème.
Il veut que le sultan, blessé jusqu'en son cœur,
Soit l'instrument fatal dont s'arme sa fureur.
A vaincre, à dompter Malte il met toute sa gloire.
C'est là qu'il a juré d'enchaîner la victoire :
Ce seul desir l'enflamme. Il s'anime, il poursuit;
Et l'ardent Soliman est par sa main conduit.

FIN DU CHANT PREMIER.

LA MALTÉIDE.

CHANT SECOND.

SOMMAIRE.

Soliman, durant la nuit, ne peut prendre aucun repos. — Mahomet vient à son secours avec Morphée, il lui rend le sommeil et lui envoie un songe. — Avis qu'il en reçoit. — Départ de la flotte turque pour le siége de Malte, et du sultan pour aller chercher Elvire sur les mers. — Les Chevaliers de Malte se mettent en état de défense. — Ils attendent avec courage les troupes de Soliman. — Conseil que tient leur grand-maître de la Valette. — Il donne pour chef à ceux de ses soldats qui devront s'opposer à la descente des Turcs, le commandeur de Copier, de la langue d'Auvergne, ancien capitaine et grand maréchal de l'Ordre. — La flotte turque paraît. — Enthousiasme des Chevaliers à son aspect. — Ils se préparent aux assauts. — Scène touchante qui se passe entr'eux.

CHANT SECOND.

La nuit, couvrant les cieux de ses voiles funèbres,
Avait chez les humains ramené les ténèbres.
L'homme oubliait alors ses maux, ses vains projets.
Soliman seul, en proie à d'éternels regrets,
Nourrissait son chagrin, méditait en silence
Les moyens de punir la plus sanglante offense.
Mille soins de ses yeux écartent le sommeil :
Dans son trouble il attend le lever du soleil.
Poussé par la fureur, en sa douleur profonde,
Il brûle de franchir les vastes champs de l'onde,
D'atteindre un ravisseur, d'écraser sous ses coups
Ce traître et les Chrétiens qu'il veut immoler tous.
Pour calmer ses esprits et servir sa vengeance,
Mahomet de Morphée invoque l'assistance.
Et dans l'instant ce dieu, planant sur le héros,
Choisit et verse en lui ses plus puissans pavots.
Le prophète lui-même, au moment où les songes
Viennent flatter nos sens d'agréables mensonges,

Aborde en un séjour, silencieux réduit,
Ces fantômes légers, ministres de la nuit.
Il leur parle : et sensible au vœu qu'il fait entendre,
Un d'eux vers Soliman s'empresse de descendre.
Ce songe, pour s'offrir au monarque agité,
Emprunte les dehors d'une rare beauté.
Il prend les traits d'Elvire et l'éclat de ses charmes
Qu'il sait accroître encore en y mêlant des larmes.
Au prince il apparaît sous ce déguisement.
Il approche, et d'abord pousse un gémissement,
Laisse couler des pleurs, languissamment soupire;
Puis, imitant les sons de la touchante Elvire :
« Tendre ami, lui dit-il, loin de toi dans les fers,
» Ta triste amante en deuil vit au-delà des mers.
» Si de son sort instruit ton amour le déplore,
» Sois touché de ses vœux, c'est elle qui t'implore.
» Esclave d'un tyran, d'un corsaire sans foi,
» Ton Elvire succombe à son mortel effroi.
» Cher amant! d'une épouse entends la voix plaintive,
» Et brise le lien qui la retient captive;
» Délivre la, seigneur. Ismar est ton rival;
» Ismar veut m'asservir à son amour brutal.
» Je n'ai que mes dédains pour toute résistance.
» Que d'éternels refus te prouvent ma constance!

» Hélas! si, pour garder la foi de nos sermens,
» De ton cœur et du mien sacrés engagemens,
» Il faut périr, eh bien! aux dépens de ma vie,
» Je sauverai l'honneur de ta fidèle amie....
» Au nom de ma tendresse, au nom de nos amours,
» De mes ennuis mortels viens terminer le cours;
» Viens rompre ici les fers de mon dur esclavage;
» Viens m'enlever des mains d'un traître qui m'outrage.
» Il abandonne Malte, et sur les flots errant,
» Il nourrit en son ame un desir dévorant. »
Soliman, transporté d'amour et de colère,
S'agite, tend les bras vers cette ombre légère:
En vain il croit saisir l'objet qui l'a séduit.
Le songe dans les airs s'envole avec la nuit.
A peine l'Orient annonçait la lumière,
Du Sultan qu'il réveille il frappe la paupière.
Satisfait, l'œil ardent; plein d'amour et de fiel,
De l'avis qu'il reçoit ce chef rend grâce au ciel.
Rien ne l'arrête : il veut, dans son impatience,
Dévoré du desir de venger son offense,
Des mers de l'Archipel courir vers l'Océan,
Pour sauver la sultane et perdre son tyran.
Tout est prêt dans le port. Trois vaisseaux, dix galères
Vont suivre le héros, armés de janissaires.

Et dans l'instant il vole aux rivages voisins.
La mer calme, un ciel pur sourit à ses desseins :
Il n'entend que des cris de vengeance et de guerre.
L'ancre, à l'énorme dent, veut mordre une autre terre;
On la lève, et déjà la voile aux plis mouvans
Sur les flots s'abandonne au souffle heureux des vents.
  Le monarque sur l'onde est descendu lui-même.
Il part environné d'une pompe suprême.
Son cortège; les sons du clairon belliqueux;
De cent bronzes tonnans le bruit majestueux
Dans le port, sur les eaux, se succédant sans cesse;
Les cris des matelots, d'une ardente jeunesse,
Tout, sur les flots dorés des feux du jour naissant,
Offrait en ce départ un spectacle imposant.
L'ombre avait dans sa fuite entraîné les étoiles.
De ses premiers rayons Phébus frappait les voiles;
Et Soliman pensif, au gré de ses desirs,
Voguait rapidement poussé par les zéphirs.
L'espoir flatte son cœur : il croit que, sans défense,
Malte va dès ce jour tomber sous sa puissance.
Mais l'Ange du Très-Haut, de la voûte des cieux
Part et vole au secours de ces terrestres lieux :
Il descend dans les murs, et sa bouche immortelle
Eveille des Chrétiens et la crainte et le zèle,

Rappelle aux Chevaliers leurs antiques exploits
Et de leur Ordre saint les belliqueuses lois.

Dans Malte commandait un illustre grand-maître,
Héros, chef admiré, que la France a vu naître,
La Valette, dont l'ame, exercée au malheur,
En triompha long-tems par sa seule valeur.
Toutefois, quelque appui qu'il mette en son courage,
Sans trouble il ne peut voir sur lui fondre l'orage.
Mais son grand cœur s'échauffe à l'aspect du danger:
Avec ses Chevaliers fier de le partager,
Il s'arme contre lui d'une mâle assurance,
Et court de ses remparts ordonner la défense:
Il parcourt l'île entière. Etrangers, habitans
Se sont changés par tout en zélés combattans.
Ils ont juré de vaincre ou de périr ensemble.

Au conseil appelé, l'Ordre à grands pas s'assemble.
La Valette y préside avec la dignité
Et tout l'éclat du rang joint à l'autorité.
Il se lève, on l'écoute : et rompant le silence,
Ce prince que dirige une rare prudence,
Ne dissimule point sa crainte, son danger,
Le torrent d'ennemis qui le vient assiéger.
« Mais de quelques revers, dit-il, qu'on nous menace,
» A la force opposons la sagesse et l'audace.

» Qu'en défendant le port, de vaillans Chevaliers
» Aillent combattre, vaincre ou mourir les premiers!
» Pour nous intimider, en vain la renommée
» Vante de Soliman la redoutable armée.
» Contre tant de héros que pourront ses soldats?
» Ils viennent se plonger dans la nuit du trépas.
» Loin de nous effrayer, que leur foule au contraire
» Nous arme d'un courage au-dessus du vulgaire:
» Courons d'un même élan, d'une égale valeur,
» Dans un premier assaut les frapper de terreur,
» Étonner, rebuter, par notre résistance,
» Ces Ottomans que flatte une vaine espérance.
» Peut-être, aidés du ciel, nos vigoureux efforts
» Les vont-ils à jamais repousser de ces bords.
» Mais, pour cette entreprise et grande et périlleuse,
» Il faut le dévoûment d'une ame généreuse.
» Que tous ceux, dont le zèle aspire à cet honneur,
» En expriment ici l'impatiente ardeur. »
A ces mots d'un mortel qu'un Dieu puissant anime,
On eût vu ces guerriers, d'un transport unanime,
Se lever, supplier, demander à grands cris
Des périls dont ils sont également épris.
Mais à cette faveur tous ne peuvent prétendre.
Pour la seconde fois leur chef se fait entendre:

« Compagnons, leur dit-il, en élevant la voix,
» Un tel desir vous rend tous dignes de mon choix ;
» Mais la prudence veut que dans un long orage
» Peu d'entre nous d'abord épuisent leur courage.
» Souffrez donc que le ciel leur accorde, avant vous,
» Des travaux dont vos cœurs se montrent si jaloux.
» Que le sage Copier, en qui l'expérience
» Dans les combats toujours fut jointe à la vaillance,
» Suivi des escadrons de nos arquebusiers,
» Dirige vers le port d'impétueux guerriers.
» Déjà dans leurs travaux l'Europe les contemple :
» A nous-mêmes alors ils donneront l'exemple.
» Nous les imiterons ; et, du haut de nos forts,
» Le métal foudroyant soutiendra leurs efforts :
» Ou si, tout en cherchant le péril et la gloire,
» Ils voyaient de leurs mains s'échapper la victoire ;
» A l'aide de nos murs qui leur seraient ouverts,
» Ils viendraient avec nous réparer leur revers.
» Sans ressource bientôt, excédé de fatigue ;
» De son sang, de ses jours aveuglément prodigue,
» L'ennemi, qui les croit accabler de ses coups,
» Ne leur opposera qu'un impuissant courroux. »
Ainsi parla ce chef. Des mesures si sages
De toute l'assemblée entraînent les suffrages :

On partage son zèle, on vante ses avis,
Et dans le même instant ils vont être suivis.
Tout s'anime : partout la trompette éclatante
Sonne, appelle au combat une jeunesse ardente;
Et ses mâles accens, ouïs de toutes parts,
Rassemblent les Chrétiens sous leurs saints étendards.
De ces drapeaux, où brille une croix glorieuse,
Flotte avec majesté la toile belliqueuse.
Tous témoignent encor, par des signes certains,
Par des restes sacrés, quels furent leurs destins.
A leur aspect les cœurs de courage frémissent :
Bataillons, escadrons près d'eux se réunissent,
Arrivent excités par un empressement
Que le devoir à tous prescrit en ce moment.
Tels on voit des troupeaux, quand au sein des nuages
La tempête, en grondant, prépare ses ravages,
Des lieux où leur instinct les tenait arrêtés,
Accourir dans la plaine à pas précipités :
Sous un ciel orageux dont s'accroît la tourmente,
Leur foule qui grossit de plus en plus s'augmente.
Impatiens, pressés de quitter le rempart,
Chevaliers et soldats demandent le départ.
Leur sage commandant s'offre et brille à leur tête.
Des pénibles travaux que ce jour leur apprête

Il veut dans ses discours leur montrer tout l'éclat,
Et ce que d'eux attend le salut de l'Etat.
«Oui, dit-il, mes amis, qu'ici tout justifie
»Le choix qu'ont fait de nous le chef et la patrie.
»Ils comptent sur la foi de vos cœurs généreux
»Pour les sauver d'un joug et cruel et honteux.
»A qui l'honneur commande il n'est rien d'impossible :
»Et le fier Soliman, cet ennemi terrible,
»Par nous, dans ses bachas, harcelé, combattu,
»Des Chrétiens qu'il poursuit connaîtra la vertu.»
Mille voix à ces mots s'élancent des murailles.
On brûle de partir pour livrer des batailles.
Aux accens et du peuple et du soldat altier
Chacun des bataillons joint un concert guerrier.
Le cor, le fifre aigu, le clairon, la cymbale,
L'acier, l'airain sonnant, musique orientale,
Frappent l'air à la fois de leurs sons éclatans;
Et vers le port voisin marchent les combattans.

Enfin parut des Turcs la flotte redoutable :
Elle fendait les mers sous un vent favorable.
A l'aspect menaçant de ces nombreux vaisseaux
Qui de leurs flancs couvraient la surface des eaux,
On crut voir s'avancer une forêt flottante
A travers les bouillons de la vague écumante.

De leur sein tout-à-coup partent d'horribles cris.
Par eux sont annoncés des cœurs de fiel aigris,
Dont les voix, en donnant le signal du carnage,
Font au loin retentir les échos du rivage.
A ces cris la Vengeance et ses cruelles sœurs
Répondent de concert par d'affreuses clameurs.
L'air gémit sous le poids, sous l'effort de leurs ailes,
Et les fiers Musulmans sont précédés par elles.

Déjà, sûrs du triomphe, ils menaçent le port.
Mais que leur vue excite un sublime transport!
De tous les Chevaliers, dont le zèle s'enflamme,
Une divine ardeur pénètre et saisit l'ame.
Au sort qui les attend ils vont se préparer.
Espérant tout du ciel, ils courent l'implorer:
Et fervens, animés par un pieux exemple,
Ils sont tous devant Dieu prosternés dans son temple.
Là, du céleste pain qui les doit soutenir,
A la table sacrée ils viennent se nourrir.
Alors, ô digne effet de ce pain salutaire!
Leur esprit n'a plus rien qui l'attache à la terre;
Vers le ciel il s'élève: et, dans leur piété,
Ces cœurs sont tout remplis de la divinité.

A l'essor, que leur donne une vertu suprême,
La Valette inspiré s'abandonne lui-même;

Lui-même il court, s'élance aux pieds des saints autels :
Là d'un Dieu procteur des valeureux mortels
Il invoque le bras, implore l'assistance.
Haussant la voix, cédant à sa mâle éloquence,
Il dit avec l'accent d'une héroïque ardeur :
« A de sanglans assauts nous appelle l'honneur ;
» Volons-y Chevaliers ! et qu'une prompte audace
» Sauve aujourd'hui nos murs du fer qui les menace.
» Oui, pour eux dévoués ; oui, pleins d'un noble orgueil,
» Courons sous leurs débris nous creuser un cercueil.
» D'un Ordre aimé des cieux cette île est la patrie :
» Heureux ceux qui pour elle auront donné leur vie !
» De notre sang versé le glorieux tribut
» Du Dieu qui la protège obtiendra son salut.
» Pour elle de nos soins la sage prévoyance
» Nous permet une longue et vive résistance.
» Vos desirs et les miens ont été prévenus,
» Nos secours assurés et nos besoins prévus. »

A ce discours, passant d'une subite extase
A tout l'emportement du feu qui les embrase,
Ces guerriers, de leur chef admirateurs ardens,
Prononcent devant lui le plus saint des sermens.
Ils jurent d'affronter le destin des batailles ;
De chercher dans leurs murs d'illustres funérailles ;

D'obtenir, au mépris des plus rudes combats,
La victoire ou l'honneur d'un généreux trépas.
En vain de tant d'assauts la tempête prochaine
Leur présage une mort et terrible et certaine;
En vain de l'Orient, vingt peuples conjurés
Accourent, de leur sang avides, altérés.
Leur nombre, leur aspect, leur vengeance, leur rage,
Rien de ces Chevaliers n'étonne le courage.
Tous brûlent de marcher où les attend la mort;
Tous dédaignent la vie et bénissent leur sort.
Mais qu'il se passe entr'eux une scène touchante!
Ces Chevaliers qu'unit une amitié constante,
Pour garant désormais de leur attachement,
Se donnent un pieux et tendre embrassement.
Doux spectacle! chacun, dans le sein de ses frères,
Epanche de son cœur les sentimens sincères.
Résignés, pleins d'espoir, de confiance en Dieu,
Ils se font l'un à l'autre un éternel adieu.
Tout-à-coup dans ces cœurs succède le silence.
Mais de leur dévoûment subite violence!
Tous, du pied des autels précipitant leurs pas,
Courent chercher la gloire en volant au trépas.

FIN DU CHANT SECOND.

LA MALTÉIDE.

CHANT TROISIÈME.

SOMMAIRE.

Les commandeurs Romégas et Guiral, fameux Chevaliers, observent du haut de leurs forts l'amiral turc, nommé Piali. — Danger que court sa flotte. — L'Amour excité par Mahomet vole au secours des Turcs. — Moyens qu'il emploie pour faire débarquer dans l'île les troupes de Soliman. — L'armée ennemie pénètre dans Malte. — Elle est arrêtée par le chevalier de la Rivière, jeune officier de la plus grande bravoure. — Combat livré par lui aux Musulmans. — Carnage qu'il fait dans leur armée. — Il succombe enfin sous le nombre. — Il est fait prisonnier de Mustapha, général en chef des troupes ottomanes. — Aveu que son vainqueur exige de lui. — Beau dévouement de ce Chevalier. — Sa fin malheureuse, etc.

CHANT TROISIÈME.

Tandis que, pour lancer la mort et les ruines,
S'apprêtent des assauts les terribles machines;
Deux chefs des Chevaliers, Romégas et Guiral,
De la flotte ennemie observent l'amiral.
C'est ce jeune Ottoman qui, dans un sort contraire,
De son prince éprouva la bonté tutélaire.
Il fut chéri, comblé des plus rares faveurs.
Soliman, qui sur lui répandait les honneurs,
L'élut chef de la flotte, alors que sa vengeance
Voulut faire aux Maltais expier leur offense.
Piali se montra digne en tout de son choix,
Et sa reconnaissance éclata mille fois.
Décidé cependant à tenter la descente,
Devant l'île et ses forts l'ennemi se présente :
Et déjà pour l'assaut prêt à tout disposer,
Par son air menaçant il veut en imposer.
La rive était muette et décelait la crainte.
Piali s'y méprend; il cède à cette feinte,

Hasarde son approche et croit, sans nul effort,
Débarquer ses soldats et s'emparer du port.
Mais quelle est sa surprise! Un feu prompt et terrible
Oppose à son projet un obstacle invincible.
Le vaillant amiral, qu'aveugle son dessein,
S'obstine et fait tonner le redoutable airain.
Un assaut meurtrier des deux côtés commence.
Même ardeur dans l'attaque et dans la résistance.
Du boulet foudroyant l'essor continuel,
En redoublant encor, rend le choc plus cruel.
Mais c'était sans succès, dans leur fatale audace,
Pour les Turcs dont le ciel préparait la disgrace;
Ils ne pouvaient long-tems lutter contre les feux
Que le port assiégé faisait pleuvoir sur eux.
En efforts impuissans la flotte consumée,
Dans la profonde mer allait être abîmée.
Mais l'Amour sauvera les armes du sultan;
Dieu cruel, des humains le maître et le tyran,
Ardent à les séduire, et dont l'audace extrême
Asservit la vertu, commande au diadême.
Il est par Mahomet contre Malte excité:
Du prophète avec joie il suit la volonté;
Et lui-même, exhalant son dépit et sa haine,
Prétend punir des cœurs affranchis de sa chaîne.

Outré que de pieux, d'intrépides mortels
Aient osé mépriser son culte et ses autels,
Il s'irrite, frémit, s'excite à la vengeance,
Et veut que ses fureurs attestent sa puissance.
« Quoi! dit-il, non contens de braver mon pouvoir,
» Des cœurs pour qui l'outrage est le plus saint devoir,
» Voudraient avec mon nom détruire mon empire!
» Ah! suis-je donc l'Amour? et le malheur d'Elvire
» Ne doit-il point tourner tout mon ressentiment
» Contre les ennemis de son illustre amant?
» Armons-nous; oui, montrons, du couchant à l'aurore,
» Ce que je fus jadis, et quel je suis encore.
» Long-tems chez les humains pour moi fuma l'encens;
» J'étais craint jusqu'au ciel des dieux les plus puissans.
» Aujourd'hui sans honneur, sans culte sur la terre,
» Non moins que dans Paphos on m'oublie à Cythère!
» Désormais pour un dieu l'on ne m'avoûra plus!
» Et partout je verrai mes temples abattus!
» Mais sait-on, quoiqu'enfant, qu'aussi vieux que le monde,
» J'habite en souverain le ciel, la terre et l'onde?
» Que par moi l'univers se peuple d'habitans?
» Que mon empire fut et sera de tout tems?
» Et je pourrais souffrir la plus cruelle injure!
» Moi, le maître des cœurs, le fils de la Nature!

» Ah! c'est trop différer; c'est trop, dans mon courroux,
» Epargner des guerriers acharnés contre nous.
» Allons : et secouant le joug d'un Dieu suprême,
» Courons servir l'Asie, et me venger moi-même.
Il dit, et prend son vol vers des monts sourcilleux
Couverts d'une vapeur qui les dérobe aux yeux.
Ces monts sont des brouillards l'asile solitaire.
La Nature de-là les répand sur la terre,
Où partout aux humains cette divinité
Paraît dans sa grandeur et sa diversité.
Simple et majestueuse, agréable ou bizarre,
Prodigue de ses biens et de ses dons avare,
Humble, riante, horrible, imposante à la fois,
Elle est toujours sublime et sage dans ses lois :
De la terre et des eaux cette immortelle reine
A ce vaste univers commande en souveraine.
Elle étend son pouvoir sur tous les élémens,
Et par elle est régi l'ordre infini des tems.
L'Amour, né de son sein, à l'aborder s'empresse;
Et certain du pouvoir qu'il a sur sa tendresse,
Il la conjure, au nom d'un cuisant déplaisir,
D'exaucer de son cœur l'impatient desir.
Elle en sait le motif; et, mère complaisante,
Elle cède à l'accent de sa voix suppliante.

Elle ordonne aux brouillards d'accompagner son fils
Jusque sur le rivage où sont ses ennemis.
A l'instant, du chaos filles silencieuses,
Se détachent des monts ces vapeurs ténébreuses.
Le dieu qui les commande est reçu dans leur sein.
Animé de l'espoir d'accomplir son dessein,
Il part, et sert de guide à ces vastes nuages
Qui versent, dans le jour, la nuit sur les rivages.
Un vent du nord les pousse avec rapidité;
Et de leurs flancs noircis s'épand l'obscurité.
Ils arrivent sur Malte : aussitôt l'île entière
Voit d'un ciel rayonnant s'éclipser la lumière.
Par leur sombre épaisseur, les objets disparus
Se perdent au milieu d'un océan confus
De brouillards dont la masse au loin règne sur l'onde,
Et du jour le plus clair fait une nuit profonde :
Elle interromp l'assaut. Assiégeans, assiégés,
Également surpris et dans l'ombre plongés,
Sont forcés tout-à-coup de céder à l'obstacle
Qu'à leur acharnement oppose un tel miracle.
Mais le cruel Amour, sélançant vers les eaux,
Donne aux Turcs pour signal l'éclat de ses flambeaux.
Il ralentit son vol, sur la flotte s'arrête,
Et d'un riche turban orne et couvre sa tête.

Pour convaincre les cœurs avec autorité,
Il prend les traits d'un chef du peuple respecté.
Le sultan n'avait point de sujet plus fidèle.
L'Amour dans ce vieillard se choisit un modèle.
Sous un sourcil épais et blanchi par les ans,
Il tempère le feu de ses regards perçans :
Il ride aussi son front, et met sur son visage
Du tems qui nous flétrit le respectable outrage.
Sa barbe sur son sein tombe avec majesté.
C'est Ouglou dans ses traits par l'Amour imité.
Il en a le maintien et le port vénérable :
Il y joint de son rang l'appareil honorable.
Sur son arc, seul appui de ses pas chancelans,
Il se courbe, et se mêle aux chefs des Musulmans.
Debout au milieu d'eux le dieu, d'une voix forte,
A lui prêter l'oreille aussitôt les exhorte.
On l'écoute, on l'admire : et ses heureux avis
Sont par toute la flotte et goûtés et suivis.
Par sa main dirigés, les vaisseaux en silence
Partent, rasent la côte, arrivent dans une anse;
Et de-là, précédé par ce guide puissant,
Chaque soldat sans bruit sur la terre descend.

Dans Malte enfin pénètre une foule guerrière.
Mais contre elle marchait le jeune la Rivière,

Digne du nom français, illustre Chevalier,
De son camp vers ces lieux envoyé par Copier.
Dans un calme profond, s'avançait à sa suite
D'un escadron nombreux la glorieuse élite.
Inquiet, il s'arrête: il écoute... Il entend
Un bruit sourd et confus qui jusqu'à lui s'étend:
Saisi, mais de son cœur déguisant la surprise,
Des armes du Croissant il craint quelqu'entreprise.
Rassuré toutefois, en ce danger pressant,
Il s'arme sans effort d'un courage imposant.
A Copier l'un des siens en porte la nouvelle.
Pour lui, n'écoutant plus que l'honneur et son zèle;
Plein du noble desir qui l'appelle aux combats,
Il exhorte en ces mots ses généreux soldats :
« Compagnons! c'est ici que la foule s'avance...
» Eh bien! que la vigueur unie à la vaillance
» L'arrête et la disperse au sein de ces brouillards,
» Dont l'heureuse épaisseur nous cache à ses regards.
» La peur dans son esprit grossira votre nombre.
» Qu'une intrépide audace, à la faveur de l'ombre,
» De vos ardens coursiers piquant, pressant les flancs,
» Répande l'épouvante et la mort dans ses rangs.
» Nos chefs vous aideront de toute leur puissance.
» J'ai demandé pour vous une prompte assistance.

» Comptez sur elle, amis, et sûrs de l'obtenir,
» Fondez sur des cruels, sitôt qu'ils vont s'offrir. »
C'est assez: l'escadron, prêt à tout entreprendre,
Pour rompre l'ennemi se résigne à l'attendre.
Ravi de l'attaquer, quoiqu'en nombre inégal,
Il voudrait du combat avancer le signal.

Enfin des Musulmans la foule menaçante
Avec sécurité devant lui se présente.
Aussitôt, tel qu'on voit l'ouragan furieux
Sur la terre ou les eaux fondre du haut des cieux,
Dans son premier transport, dans l'ardeur qui l'excite,
Le bouillant escadron vole, se précipite,
Frappe à coups redoublés les Ottomans surpris,
Dont l'effroi qu'il inspire égare les esprits.
A ce choc imprévu, tout s'ébranle, tout cède;
Au trouble, à la terreur le désespoir succède.
Bientôt on n'entend plus que les cris effrayans
Des malheureux foulés aux pieds des assaillans.
De fiers coursiers, couverts de sang et de poussière,
L'œil en feu, s'animant d'une chaleur guerrière,
Rompent les bataillons, écrasent les soldats,
Et, plus brûlans encor de la soif des combats,
De leurs naseaux fumans, de leur bouche écumante,
Soufflent dans tous les rangs la mort et l'épouvante.

Avec l'audace en eux s'augmente la fureur.
Ce n'est partout qu'un choc, qu'un bruit mêlé d'horreur:
Le fer heurte le fer. Ici le feu des armes,
Le tumulte, les cris, la rage, les alarmes,
Présentent à la fois le plus affreux tableau.
Là le Maure indompté rencontre son tombeau:
Il n'écoute plus rien que sa frayeur extrême.
L'Aga, le Janissaire, est emporté lui-même.
Pressé par le péril, forcé de l'éviter,
Chef, soldat, aux Chrétiens n'ose plus résister.
Déjà que d'Ottomans ont mordu la poussière!
On croit dans l'escadron voir une armée entière.
Un désordre fatal règne dans tous les rangs.
Au gré de leurs coursiers, dont ils pressent les flancs,
La Rivière et les siens partout s'ouvrant passage,
Des Turcs épouvantés font un sanglant ravage.
Mustapha cependant les prétend rallier.
Ce chef si redouté, ce féroce guerrier,
Transporté de courroux, crie, exhorte, menace:
Il oppose à leur crainte une fougueuse audace,
Se jette au milieu d'eux, sauve ses étendards,
Et ramène au combat ses bataillons épars.

Mahomet et l'enfer, volant à sa défense,
S'empressent de l'aider de toute leur puissance.

Par eux soudain le jour à la terre est rendu.
D'un ciel pur et brillant l'éclat inattendu
A trahi les Chrétiens, redonné le courage
Aux Musulmans confus et pénétrés de rage:
Ils font sur l'escadron tomber tous leurs efforts.
Il résiste, il combat, il brave mille morts.
Dans ce choc inégal toujours plus redoutable,
Pour tout ce qui l'entoure il est impitoyable.
Le meurtre de ses mains ne cesse de pleuvoir.
Le fer, le feu, tout sert un dernier désespoir.
D'un étrange desir sa valeur est séduite.
Plutôt que de devoir son salut à la fuite,
Il veut, dans le malheur où s'attachent ses pas,
Par un nouveau carnage illustrer son trépas;
Montrer dans sa vengeance à tel point assouvie,
Son rare dévoûment, son mépris pour la vie.
L'escadron cède enfin par le nombre écrasé,
Et sur son coursier mort le chef est renversé;
Il se relève : en vain sa redoutable épée
Dans le sang ennemi s'est encore trempée.
On le presse, il succombe : et ce fier chevalier
Du cruel Mustapha fut le seul prisonnier.
Ses braves compagnons, au fort de la mêlée,
Trouvèrent dans leur zele une fin signalée.

A peine quelques-uns échappés à la mort,
Durent-ils leur salut aux caprices du sort.
  Copier hâtait sa marche, et plein d'impatience,
Des lieux qu'il franchissait accusait la distance.
Touché du sort des siens, inquiet sur leurs jours,
Il comptait leur porter d'infaillibles secours.
Cependant, ô surprise! ô disgrace mortelle!
Du funeste combat il apprend la nouvelle.
Au cœur de ses guerriers se glisse un noir chagrin:
Des Chrétiens expirés tous pleurent le destin.
Mais loin que la vertu cède à leur sort contraire,
La douleur même en eux éveille la colère.
Copier suspend sa marche, assemble ses soldats;
Et de leurs frères morts exaltant le trépas:
« Ils se sont tous couverts d'une gloire immortelle,
» Leur dit-il, le destin a trompé votre zèle.
» Son injuste rigueur ne vous a point permis
» D'arracher à ses coups de généreux amis.
» Regrettons leurs vertus, imitons leur courage,
» Et comme eux préférons la mort à l'esclavage. »
A ces mots, sur ses pas il revole soudain:
Il court asseoir son camp sur un tertre voisin.
Il s'y retranche, et là, sa valeur consommée
Attend des Musulmans la formidable armée.

Cependant le vainqueur, de sa perte confus,
Exprime par des cris ses regrets superflus.
Dans son fatal succès il triomphe sans gloire.
Que de sang en un jour lui coûte la victoire!
Sur le champ de bataille, il voit de toutes parts
Des morts et des mourans, des cadavres épars,
Dont le nombre incroyable et dont l'affreuse image
Du plus grand dévoûment offrent le témoignage.
Mais le bacha, qu'emporte un lâche mouvement,
Se livre à tout l'excès de son ressentiment:
Il avait médité la plus noire vengeance.
Il fait, dans sa fureur, traîner en sa présence
Son captif aussi grand que ferme en ses revers,
Et triomphant de lui même au sein de ses fers.
Mustapha l'interroge: il veut qu'il lui révèle,
Traître à la loi qu'il suit, à son Ordre infidèle,
Les desseins du grand-maître et sur-tout les moyens
Qui restaient pour défense au pouvoir des Chrétiens;
Leur espoir, les secours qu'ils avaient à prétendre;
Tout ce que leur courage oserait entreprendre.
La Rivière lui dit: « De ces guerriers, seigneur,
» Long-tems la renommée a vanté la valeur.
» Tous, au prix de leur sang, ont juré de défendre
» Des remparts où l'honneur se plait à vous attendre.

» Cette île deviendra leur glorieux cercueil.
» Vaincre ou mourir pour elle est leur unique orgueil.
» Avant que d'expirer victimes de vos armes,
» Qu'au sultan, qu'à vous-même ils causeront d'alarmes!
» Tous leurs forts sont remplis de nombreux combattans,
» Et pourvus de secours à leur gloire importans.
» Bientôt même, seigneur, au gré de leur attente,
» Paraîtra sur ces mers une flotte puissante,
» Qui des ports de l'Europe, en volant vers ces lieux,
» Y viendra contre vous s'illustrer avec eux. »
Le Musulman, piqué d'une telle réponse
Et plus surpris encor du secours qu'elle annonce,
Repart dans un courroux qu'il ne peut contenir :
« Un redoutable assaut le saura prévenir
» Ce secours dont te flatte une vaine espérance.
» Demain Malte et ses forts seront en ma puissance. »
A ces mots, il s'en va, rêveur, silencieux,
Et, sans dessein d'abord, il parcourt divers lieux.
Dégagé de ses fers son captif l'accompagne.
Le fier bacha s'avance au pied d'une montagne,
Descend de son coursier, l'œil ardent de fureur;
Et, pensif, affrontant l'excessive chaleur
D'un ciel dardant ses feux sur une roche aride,
Il gravit ; puis d'un pas, laborieux, avide,

Autant qu'à son déclin son âge le permet,
Ce vigoureux vieillard parvient jusqu'au sommet.
De-là ce Musulman découvre l'île entière:
Il l'observe; et pressant, menaçant la Rivière,
Il prétend le forcer, par la peur de la mort,
A lui révéler tout, l'état de chaque fort,
Leurs noms, ceux des Chrétiens armés pour les défendre,
Et tout ce qui pourrait l'aider à les surprendre.
Le noble Chevalier, sans craindre pour ses jours,
Obéit au barbare, et lui tient ce discours:
« Ce fort dont vous voyez la masse redoutable
» Offrir dans ses remparts un front inexpugnable,
» Est puissamment gardé par d'illustres Français
» Tout couverts de l'éclat des plus glorieux faits.
» A leur gauche, où paraît cette croix triomphante,
» L'antique fort Saint-Ange à vos yeux se présente.
» Pour chefs dans sa défense il a Garzerantos
» Et Mesquita, tous deux redoutables héros,
» Tous deux ardens, remplis d'un zèle insurmontable.
» Proche de ces remparts est la cité notable.
« La garde en est commise à de Villegagnon,
» Du grand-maître jadis célèbre compagnon.
» Son bras lui prête encore un important service.
» D'un tel chef redoutez l'invincible milice..

» Là-bas le fort Saint-Elme et ses longs boulevarts,
» Hérissés de soldats, s'offrent à vos regards.
» Broglio, Degarras, qui tous deux les défendent,
» Y semblent défier vos assauts qu'ils attendent.
» Plus loin Torreglias, majorquin redouté,
» Chevalier plein d'audace et d'intrépidité,
» Veille à la tour du mole, où sa seule présence
» D'un triomphe assuré donne aux siens l'espérance.
» Près de-là, dans le port, vous voyez Romégas,
» Ce fameux commandeur, ce foudre des combats.
» Indomptable marin, l'effroi de vos corsaires,
» Il dirige en ces lieux les troupes des galères.
» Que de héros ces murs armeront contre vous!
» Là sont de Négrepont, Ruiz, Quincy, Gioux,
» Médina, Gonzalès, que nul danger n'arrête,
» Et Médran dont le bras à nous venger s'apprête;
» Enfans de la victoire, impétueux guerriers,
» Qu'attendent la fortune et de nouveaux lauriers.
» Voyez-y de la Motte et l'ardent Lamirande
» Et Roble et Guimeran, chefs dont chacun commande
» Un puissant bataillon, élite des Maltais,
» Qu'enflamment leur exemple et l'amour des hauts faits.
» A droite, pour soutiens, sont la Roche, d'Elbène
» Et Sola, de Verdan, l'honneur de l'Aquitaine,

» Et de Monté, Dumas et le fier de Morgut,
» Tous de l'île à la fois l'espoir et le salut.
» A leur noble maintien, à leur impatience,
» De ces autres guerriers connaissez la vaillance.
» Voilà Ferrier, Sada, Guérare, de Bridiers,
» Rivaros, tous jaloux de vaincre les premiers.
» Non loin d'eux, quel desir, quelle ardeur fait paraître
» Ce brillant Chevalier, neveu cher au grand-maître!
» Avec son jeune ami défiant le destin,
» Il médite d'avance un belliqueux dessein.
» O d'un saint dévoûment quelle preuve éclatante,
» Un jour, vous donnera leur amitié touchante!
» Mais tournez et fixez vos regards vers ce fort,
» Où de nos Chevaliers vole un puissant renfort.
» Admirez, dans leur marche et dans leur assurance,
» Ces mortels distingués dont s'honore la France.
» Sur leurs pas, voyez-vous ces généreux Germains?
» Ce sont tous des héros, vengeurs de nos destins,
» Qui, naguère arrivés des lieux de leur naissance,
» Viennent par des exploits attester leur vaillance.
» Que j'aime à voir ainsi flotter leurs étendards!
» Ils courent pleins d'audace au-devant des hasards.
» Dans leur zèle à chercher un danger qui les flatte,
» Par mille sons guerriers leur dévoûment éclate.

» Avec eux un génie, au-dessus des revers,
» Prépare son triomphe aux yeux de l'univers.
» Ce génie est leur chef, esprit mâle, intrépide,
» Dont la rare sagesse à tout veille et préside.
» La Valette est son nom. En tout lieu parvenu,
» De vous aussi, seigneur, il doit être connu.
» Ce chef plus d'une fois fit trembler votre Empire.
» L'Afrique le redoute, et l'Europe l'admire.
» C'est un Dieu qui l'anime, et qui met en son cœur
» Ce courage étonnant, cette héroïque ardeur,
» Dont la vive étincelle, en passant dans notre ame,
» De toute sa chaleur et l'échauffe et l'enflamme.
» Le bouclier de Malte est dans sa fermeté.
» Quel que soit le péril où le sort l'ait jeté,
» Il saura tout dompter ; et, dans sa résistance,
» Bientôt vous allez voir triompher sa vaillance, »
A ces mots la Rivière ajoute avec grandeur :
» Au devoir d'un captif j'ai satisfait, seigneur.
» Je vous ai peint ces forts, les chefs qui les commandent;
» J'ai dit quels Chevaliers, quels héros les défendent :
» En révélant leurs noms, j'ai dû vous obéir ;
» Mais vous faire un aveu qui les pourrait trahir!
» Cessez de l'espérer. La foi, ma conscience,
» Le devoir, tout m'impose un généreux silence.

» Dût le sort m'accabler du poids de sa rigueur,
» Je l'avoûrai : ses coups, la crainte, le malheur,
» Rien ne fera jamais d'un Chevalier un traître... »
Poussé d'une fureur dont il n'est plus le maître,
Le violent bacha, de son glaive à l'instant
Le frappe, et tout sanglant à ses pieds il l'étend :
Il veut que l'on achève un si barbare outrage,
Action détestable et digne de sa rage.
Ainsi, percé de traits, pleuré de l'Ordre entier,
Sur le mont Calcara périt ce Chevalier.
En lui, par une fin si triste et si cruelle,
Chacun perdit alors un compagnon fidelle,
Un ami tendre, un frère, un guerrier plein d'honneur,
Qu'illustre son refus non moins que sa valeur.
D'un si beau sacrifice éternisant la gloire,
Muse, ici de sa mort consacre la mémoire;
Dans tes vers à sa cendre élève un monument,
Digne de ses vertus et de son dévoûment.

FIN DU CHANT TROISIÈME.

LA MALTÉIDE.

CHANT QUATRIÈME.

SOMMAIRE.

Mustapha, à la tête de son armée, porte partout le fer et le feu. — Episode de Gusmar, habitant de l'île. — Son malheur. — Elise, sa fille, et Osmand, son fils, courent les plus grands dangers. — Ils doivent leur salut à un officier turc, grec de naissance, et de l'illustre maison des Lascaris. — La foule ennemie précipite sa marche vers les retranchemens du général Copier. — Efforts qu'elle fait pour s'en emparer. — Elle est repoussée avec une perte considérable. — Prudence du grand-maître de la Valette. — Malgré ses succès, il dépêche aux bachas, généraux de l'armée ottomane, un Chevalier nommé Savoguère, homme éloquent et intrépide, pour leur proposer une suspension d'armes. — Réponse dure et hautaine de Mustapha. — L'attaque des forts est décidée dans le conseil de guerre que tiennent les bachas, etc.

CHANT QUATRIÈME.

Mustapha, dont le cœur se nourrit de vengeance,
Ne peut de son courroux dompter la violence;
Il s'avance dans l'île, excitant ses soldats,
Et semant avec eux la flamme et le trépas.
Sourd aux cris du malheur, partout sur son passsage,
Il frappe sans égard ni de sexe ni d'âge.
Par son ordre on détruit, on brûle les hameaux.
Dans les champs dévastés tout fuit, hommes, troupeaux :
Leur foule, par le fer et l'effroi poursuivie,
Court, se sauve à travers le meurtre et l'incendie.
  Mais quel beau lieu, naguère asile du bonheur,
Est prêt à se changer en un séjour d'horreur?
D'un vertueux mortel c'était l'humble retraite.
Là, content de son sort, dans une paix parfaite,
Après des jours de deuil, Gusmar depuis long-tems
Goûtait un doux repos au déclin de ses ans.
Heureux il possédait, pour unique richesse,
Un champ, quelques vergers, charme de sa vieillesse.

Le soin de leur culture occupait ses loisirs.
A leurs simples tributs bornant tous ses desirs,
Il vivait loin du monde, en solitaire, en sage,
Qui de l'ambition contemple le naufrage.
L'hymen avait pour lui serré les plus doux nœuds,
Nœuds sacrés, mais rompus par le sort envieux.
La perte d'une épouse, à sa flamme ravie,
Avait d'un long chagrin empoisonné sa vie:
Il savait l'adoucir au sein de ses enfans.
Une fille chérie, espoir de ses vieux ans;
Un fils, dont l'amitié consolait son veuvage;
Ornés, brillans tous deux des grâces du jeune âge,
A ses vœux accordés par un bienfait des cieux,
Etaient de son hymen le gage précieux.
Tous les jours, ils charmaient l'ennui de sa vieillesse,
Et pour lui leur amour égalait sa tendresse:
De plaisirs et de joie ils remplissaient son cœur,
Plaisirs purs et réels, seuls faits pour le bonheur!
　Comme lui ses enfans, amans de la nature,
Des champs qu'il possédait dirigeaient la culture.
Quel asile pour eux, quel séjour enchanté!
L'art semblait s'y cacher sous la simplicité:
Partout y prodiguant l'utile et l'agréable,
Il faisait de ces lieux un jardin délectable.

Des bosquets odorans y parfumaient les airs.
Là croissaient à l'envi des arbres toujours verds.
On y voyait au loin, par un heureux mélange,
Se noircir le raisin où jaunissait l'orange.
De ces arbres courbés, de ces rians berceaux,
Les fruits les plus exquis décoraient les rameaux.
Sous leur voûte régnait une fraîcheur constante.
De l'amoureux Zéphyr l'haleine caressante
Y venait rafraîchir et les fruits et les fleurs;
Son souffle en ranimait l'éclat et les couleurs.
C'était, dans ce séjour de paix et de délices,
Que d'un monde pervers fuyant les artifices,
Cette famille unie, et d'heureux serviteurs
Goûtaient de l'amitié le charme et les douceurs.
Tous les jours, matinale, Elise avec son frère
Rendait un tendre hommage à son vertueux père.
Souvent de ce vieillard respectant le sommeil,
Tous deux dans leurs vergers attendaient son réveil:
Ils y cueillaient pour lui des fruits brillans encore
Des larmes qu'y versait la diligente aurore.
Qu'à leurs yeux la nature était riche d'attraits!
Et qu'ils en admiraient les merveilleux effets!
Dans ses secrets divins ils aimaient à descendre
Contens, ravis de ceux qu'ils pouvaient lui surprendre.

Chaque instant variait leurs innocens plaisirs;
Et le tems employé fuyait en doux loisirs.
Enfin, lorsque du jour venait l'heure brûlante,
De leurs berceaux touffus l'enceinte bienfaisante
Leur prodiguait une ombre, où de rians gazons
Etalaient leurs tapis dans toutes les saisons.
Le soir leur présentait une sublime image.
Avec quel intérêt, marchant vers le rivage,
Ils allaient contempler l'imposant appareil
Et du ciel et des mers, au coucher du soleil!
Ainsi, dans les plaisirs de cette solitude,
Coulaient en paix leurs jours exempts d'inquiétude,
Lorsque fumant encor des meurtres d'alentour,
L'ennemi pénétra dans ce riant séjour.
Aussitôt la fureur y porte le ravage.
Tout est frappé, détruit par le fer et la rage:
On pille, on assassine... Aidé de ses enfans,
Gusmar veut loin de là tourner ses pas tremblans;
Il se hâte, on l'atteint: ah! contre-tems funeste!
Tout prêts à lui ravir le souffle qui lui reste,
D'avides Musulmans, de furieux soldats
Arrachent sans pitié sa fille de ses bras.
Dans leur vénal espoir ils comptent sur ses charmes.
Ses prières, ses pleurs, son âge, ses alarmes,

Rien ne peut émouvoir ces cœurs durs, ulcérés,
Ces cœurs nourris de fiel et de sang altérés.
Sans égard on l'entraîne et son frère avec elle.
Gusmar envain leur tend une main paternelle.
Quel coup pour ce vieillard!... il ne les quitte pas,
Il brave le péril, court, s'attache à leurs pas:
D'une voix déchirante, il supplie, il conjure,
Au nom de sa vieillesse, au nom de la nature,
D'avoir pitié de lui, de rendre à ses vieux ans
L'appui, l'unique bien qu'il a dans ses enfans.
On est sourd à ses cris : il persiste, il menace,
Il mêle à ses discours une subite audace;
Et ses débiles mains contre les ravisseurs
Ne servent bientôt plus que ses justes fureurs.
L'amitié, ses tourmens soutiennent son courage,
Echauffent de leur feu les glaces de son âge.
Mais, ô noir attentat!... un lâche meurtrier
Le frappe du tranchant d'un homicide acier.
A ce coup dont l'effort l'étend sur la poussière,
Ses yeux sont pour jamais fermés à la lumière.
Les flots de sang qu'il verse ont teint ses cheveux blancs.
Tel battu par l'Auster, brisé jusqu'en ses flancs,
Tombe un pin dont le front, en perdant son feuillage,
Du tems qui tout détruit a ressenti l'outrage.

A l'aspect du vieillard, le vif et tendre Osmand
N'entend, ne voit, ne suit que son ressentiment.
Près de sa sœur sans voix, tremblante, évanouie,
Il veut venger son père et lui donner sa vie.
Son désespoir l'emporte : il affronte la mort;
Il fait dans son audace un incroyable effort.
Il s'échappe, il saisit un large cimeterre,
Prétend combattre seul toute une armée entière :
On l'arrête, il résiste... O coupable fureur!
Mille dards sont levés pour lui percer le cœur.
Contre lui tout s'acharne : une foule implacable
De son courroux triomphe, et le presse et l'accable.
Le fer allait trancher le fil de ses beaux jours...
Mais quel est ce guerrier qui vole à son secours?
Au milieu des soldats il s'élance, s'écrie,
Commande aux plus mutins et retient leur furie;
Il veut qu'avec sa sœur ce jeune infortuné,
Pour être son captif, lui soit abandonné.
Sa voix à tous les cœurs dicte l'obéissance,
Et les deux prisonniers sont mis en sa puissance.

Cet homme bienfaisant, ce généreux guerrier,
Etait un jeune grec, seul et digne héritier
Du nom des Lascaris, dont la famille illustre
Du trône d'Orient soutint le premier lustre.

Enlevé dans Patras par de cruels vainqueurs,
Il alla des vaincus partager les malheurs.
Esclave dans un âge, où le poids de sa chaîne
Ne pouvait exciter son dépit ni sa haine ;
Où la timide enfance, au sortir du berceau,
Ne peut de la raison distinguer le flambeau,
Il suivit du Croissant la secte dominante :
Il habita les camps. Là sa valeur naissante
Attira les regards sur ses jeunes exploits,
Et l'éleva bientôt jusqu'aux plus hauts emplois.
Mais depuis informé de sa noble origine,
Long-tems de sa famille il pleura la ruine.
Son cœur était surtout ému d'un sentiment
Qui l'embrasait du feu de son premier serment ;
Qui réclamait la foi qu'il promit à Dieu même,
Au moment qu'il reçut l'eau sainte du baptême.
Contre les Chevaliers il marchait à regret,
Et pour eux son amour gémissait en secret.
Ce fut dans ces tourmens d'une ame généreuse,
Qu'il sauva son captif d'une fin rigoureuse;
Qu'il arracha des mains de ses cruels soldats
Elise évanouie, immobile en ses bras
Il adoucit son sort, il consola son frère ;
Et dans un protecteur il leur rendit un père.

Cependant, tel qu'un fleuve accru subitement,
Dévaste, franchit tout dans son débordement,
Telle au loin saccageant et palais et chaumière,
Se déployait des Turcs la foule meurtrière.
Des tourbillons de feu qui semaient la terreur,
De cette multitude annonçaient la fureur.
La désolation, les flammes, le carnage
En tous lieux présentaient la plus affreuse image.
Quel spectacle! on voyait de tristes habitans,
Des femmes, des vieillards, des mères, des enfans,
Se sauver, puis atteints ou trahis par leur âge,
Dans leur fuite expirer sous les coups de la rage.
C'est ainsi que pressés par un loup ravisseur,
De timides agneaux qu'emporte la frayeur,
Précipitent leurs pas, se perdent, se dispersent,
Ou succombent enfin dans les champs qu'ils traversent.

Poursuivis sans relâche, en proie à mille excès,
Fuyaient désespérés les malheureux Maltais.
Mais Copier dans son camp, sensible à leur misère,
Leur ouvre et donne à tous un abri salutaire.
De l'approche des Turcs il est par eux instruit:
Sa valeur s'en augmente : à ses yeux l'espoir luit;
Et de son noble cœur l'énergique assurance
Se communique au siens, accroît leur confiance.

Pleins d'une même ardeur, poussés d'un zèle égal,
A ce chef se sont joints Romégas et Guiral;
Ils ont quitté le port qui devient inutile,
Et se sont réunis sous l'un des forts de l'île.
L'aspect de ces héros inspire à leurs soldats
Le mépris des dangers et l'amour des combats:
Ils ont tous à la crainte une ame impénétrable.
  Au même instant, on vit un amas formidable
De guerriers, de chevaux, de traits éblouissans,
D'où partaient des éclairs sans cesse jaillissans.
C'était de Mustapha la redoutable armée,
Conduite par la haine et de meurtre affamée;
Dont les rangs qui suivaient les rangs plus avancés,
Ressemblaient à des flots l'un par l'autre pressés.
Ce fer, cet or pompeux, ces armes éclatantes,
Ces harnois, ces turbans, ces enseignes flottantes
Où se réfléchissaient les rayons du soleil,
Formaient un imposant et terrible appareil.
La soie unie à l'or, par sa magnificence,
De cent chefs annonçait la guerrière opulence.
Dans sa diversité brillaient mille couleurs.
Tels, après les frimas, dans la saison des fleurs,
Lorsqu'au sein des vergers ramenant les délices,
Pomone de ses fruits étale les prémices;

On voit, pour la moisson qu'ils semblent préparer,
D'un luxe printanier les arbres se parer.
De l'émail varié de leur cime fleurie,
Du soigneux laboureur s'enrichit la patrie;
Et les champs, les vallons, les côteaux verdoyans
Sous ce nouvel éclat se montrent plus rians.

La foule tout-à-coup non loin du camp s'arrête.
C'est de-là que sur lui doit fondre la tempête;
Et déjà Mustapha, d'un geste menaçant,
Lève, agite dans l'air un fer resplendissant.
Dans l'espoir dont son ame est en secret charmée,
Au carnage il dispose et presse son armée:
Il parcourt tous les rangs, exhorte ses soldats
A signaler ce jour par d'horribles combats.
« Vaincre ou mourir, dit-il, est notre destinée:
» Soldats de Soliman! qu'une audace obstinée
» Attaque ces Chrétiens jusque dans leurs abris,
» Et qu'ils soient écrasés par vous sous leurs débris.
» C'est-là que nous appelle une illustre vengeance.
» De ces vils ravisseurs châtions l'insolence;
» Renversons, de nos mains, ces superbes remparts
» Dont en vain l'épaisseur les cache à vos regards. »

Il prononce ces mots d'une voix redoutable,
Et la foule y répond par un cri formidable.

L'air retentit partout des tambours, des clairons,
Dont les échos frappés vont prolonger les sons.
Comme des murs alors les Musulmans s'avancent.
L'effroi, la pâle mort, la fureur les devancent.
A la voix de leur chef ils volent vers le camp.
La rage dans les cœurs redouble en l'attaquant:
Du sang des Chevaliers brûlant d'être assouvie,
Elle inspire à chacun le mépris de la vie.
Jusqu'au premier rempart plusieurs sont parvenus;
Mais envain par le nombre ils étaient soutenus.
Sans cesse un plomb mortel leur portait le ravage,
Augmentait le péril et l'horreur du carnage.
Aux feux qu'au loin vomit l'airain tonnant des forts,
Ils opposent pourtant les plus constans efforts.
Tous joignent à l'audace une fougue intrépide;
Tous n'ont en ce moment que la fureur pour guide.
Trois fois maîtres du camp, et trois fois repoussés,
Ils couvrent les chemins de morts et de blessés.
Leurs cadavres sanglans sont couchés sur la terre.
Le chef et le soldat, l'aga, le janissaire,
Tous indistinctement par la foudre abattus,
Dans la foule des morts demeurent confondus.
  Ogli, brave Ottoman, succombe à la blessure
Qu'en son flanc déchiré lui fait une main sûre:

Il est foulé lui-même aux pieds des combattans.
Hasphar, le fier Hasphar, à la fleur de ses ans,
Distingué par sa force et sur-tout par sa taille,
Reste percé de traits sur le champ de bataille.
Semblable, dans sa chute, au pin déraciné
Par un souffle orageux contre lui déchaîné,
Il cesse de lever son front avec audace,
Et de joindre à ses coups l'injure et la menace.
Orcan, frappé d'un fer qui lui perce le cœur,
Expire, et semble encor menacer son vainqueur.
Sur lui tombe à l'instant l'impétueux Alvarre,
Qui, par un coup du sort, en son effet bizarre,
Se relève, retombe, en pressant dans ses bras
Orcan, son ennemi, qu'il ne reconnaît pas.
Entr'eux régnait naguère une haine mortelle.
Divisés dès long-tems, la fortune cruelle
Les voulut réunir à leur dernier moment:
La parque mit un terme à leur ressentiment.
Combien d'autres guerriers au tombeau les suivirent!
Tous, pleins d'un même zèle, en combattant périrent;
Tous avaient assouvi leur terrible courroux
Dans le sang des Maltais demeurés sous leurs coups.
Des Chrétiens toutefois la valeur se signale:
Et dans une défense à tant d'autres fatale,

En butte à mille traits, nul chef, nul Chevalier
N'était encor tombé sous un fer meurtrier.
En vain la pâle mort, de sa faulx dévorante,
Frappe de tous côtés une foule sanglante.
Le destin qui la guide à ses coups les soustrait;
Mais ils l'osent braver. Le danger seul leur plaît :
Aucun d'eux qui n'y coure et ne se sacrifie,
Qui voisin du péril cent fois ne le défie.
Jusqu'ici de vaillans et malheureux soldats
Etaient seuls descendus au séjour du trépas :
Ils sont bientôt suivis du généreux d'Elbène.
Dans l'épaisse mêlée il pénétrait à peine,
Qu'atteint d'un plomb fatal qui lui brise le front,
De ses jours abrégés le fil cède et se rompt.
Jeune et sorti d'un sang honoré dans Florence,
Au mérite il joignait l'éclat de la naissance.
Sa perte excite un juste et violent transport.
On s'acharne, on combat, on veut venger sa mort.
Au sein des bataillons que perce son courage,
Romégas le premier court s'ouvrir un passage :
Il y fond comme un foudre à la tête des siens.
Une nouvelle ardeur emporte les Chrétiens.
Le trépas d'un guerrier, si cher à leur mémoire,
Paraît en leur faveur décider la victoire.

On fait, pour la fixer, d'impétueux efforts;
Et la terre fumante est couverte de morts.
L'assaut continuait. Mais dans sa résistance,
Copier montrait toujours une égale constance:
Et capitaine habile, et valeureux soldat,
On le voyait sans cesse au plus fort du combat.
Sa prudence par tout dirige le courage.
La victoire le suit et devient son ouvrage.
La nuit, qui descendait du vaste firmament,
Put seule mettre fin à tant d'acharnement.
D'un côté, quel dépit! trahi par les ténèbres,
Mustapha qu'illustraient des batailles célèbres,
Ne peut voir, sans frémir de honte et de douleur,
Dès le premier assaut échouer sa valeur.
Cependant, quel que soit l'obstacle qui l'arrête,
Il croit que c'est d'un jour différer sa conquête.
Après tant de périls, tant de travaux guerriers,
Pour les Chrétiens encor que de chocs meurtriers!
D'ennemis, déjà prêts à réparer leur perte,
L'île sur divers points est de nouveau couverte.
Mustapha, prévoyant, s'est emparé du port.
Résolu d'emporter, par un puissant effort,
Ce camp dont la défense en ses projets l'arrête,
Aux plus sanglans assauts il s'excite, il s'apprête.

Dragut, le brave Hascen se sont unis à lui.
Piali débarqué leur prête son appui.
Soumis à Mustapha, mais rivaux de sa gloire,
Ils veulent partager l'honneur de la victoire :
Ils ont, pour l'assurer, et soigneux et prudens,
De leurs soldats au port conduit les plus ardens ;
Guerriers prêts, au besoin, à chasser du rivage
Tout vaisseau qui voudrait y tenter l'abordage.
Ils veillent sans relâche : et, du côté des mers,
L'armée est sous leur garde à l'abri des revers.

Instruit de leurs projets, le sage la Valette
Modère du soldat la valeur indiscrète.
Par son ordre, Copier est rentré dans les murs.
Ces remparts défendus lui paraissent plus sûrs
Que l'obstacle d'un camp, inutile barrière
Opposée au torrent d'une foule guerrière.

A l'assaut préparé, ce prince toutefois,
De l'équité jamais n'écoutant que la voix,
Veut que la vérité se hâte de paraître,
Et lave les Chrétiens de l'attentat d'un traître.
Ce jour même, il prétend triompher de l'erreur
Qui d'un sultan nourrit l'implacable fureur ;
Et de ses Chevaliers exposant la conduite,
Les délivrer enfin d'une injuste poursuite.

Mais, pour vaincre des cœurs dans leur acharnement
D'un mortel intrépide il faut le dévoûment.
Il fait choix d'un guerrier dont il connait le zèle :
Il l'exhorte à marcher où le devoir l'appelle.
« Lui seul en ce moment, dit-il, doit commander. »
Ce héros part. Le ciel prend soin de le guider :
Il dirige sa course, il soutient son courage,
Et veille sur ses jours dans un si saint message.
Ce brave Chevalier, suivi de deux soldats,
Vers les fiers assiégeans précipite ses pas.
En touchant au péril, sa force d'ame augmente :
Il arrive. L'aspect d'une garde insolente
Qui déja le menace, et qu'il ose aborder,
Dans son empressement ne peut l'intimider.
Aux plus cruels destins son grand cœur se résigne.
  Enfin de son drapeau l'on a compris le signe :
Il entre, et traversant le camp des ennemis,
Il est par les bachas dans leur conseil admis.
Ces chefs, dont la grandeur et la magnificence
Annonçaient du Sultan la suprême puissance,
En secret dévorés de la soif des succès,
Veillaient à méditer les plus hardis projets.
Au milieu d'eux paraît l'éloquent Savoguère.
Sur lui Mustapha lance un regard de colère;

Et, d'un accent de voix où se peint le courroux:
« Quel motif, lui dit-il, t'amene parmi nous,
» Téméraire Chrétien? Songe qu'ici ta vie
» Répond de ton audace et de ta perfidie:
» Parle, mais sois sans feinte et sans déguisement,
» Ou crains tout pour tes jours de mon ressentiment. »
Le Chevalier répond : « Notre illustre grand-maître
» Ne vous adresse point un imposteur, un traître;
» Seigneur, plus généreux, plus grand dans ses succès,
» Il vous envoie ici des paroles de paix.
» Vos pertes, nos dangers, tant de sanglans outrages;
» Le massacre et les maux versés sur ces rivages,
» L'ont seuls déterminé, dans sa noble candeur,
» A détruire en votre ame une fatale erreur.
» C'est elle qui vous arme, et contre nous anime
» En faveur d'une amante, un prince magnanime.
» De vos esprits enfin modérez le courroux;
« Ecoutez ce récit, bachas, et jugez-nous:
» Entre les mains d'Ismar Elvire prisonnière,
» Avait subi le joug d'une insolence altière;
» Mais conduite en ces lieux par ses trop durs vainqueurs,
» De tous nos Chevaliers elle attendrit les cœurs.
» Son nom, son infortune et son pieux voyage,
» L'amour de Soliman, tout enfin les engage

» A sauver de ses fers, à rendre à son amant
» Celle dont nous plaignions nous-mêmes le tourment.
» Ismar en est instruit. Pour conserver sa proie,
» Au moment où la nuit sur l'onde se déploie,
» Il l'enlève, il s'éloigne, et, dans l'obscurité,
» Il trahit des Chrétiens la générosité.
» Loin d'eux, sur d'autres mers ou sur quelqu'autre rive,
» Il est allé depuis dérober sa captive.
» Là son amour l'aveugle : et l'insensé sur nous
» De votre bras vengeur a fait tomber les coups.
» Si pour vos ennemis la vérité vous touche,
» Elle seule, bachas, a parlé par ma bouche;
» Ne la rejetez point : en fléchissant vos cœurs,
» Qu'à jamais elle mette un terme à nos fureurs.
» L'Ordre des Chevaliers, l'île entière demande
» Qu'entre vous, les Chrétiens, tout combat se suspende,
» Jusqu'au jour, où par vous le sultan mieux instruit,
» Aura connu l'erreur dont il était séduit.
» Que s'il persiste encor dans ses projets sinistres,
» Alors de son arrêt redoutables ministres,
» Agissez, poursuivez, et livrez des assauts
» Qui pourront vous causer d'irréparables maux.
» Voilà ce que l'honneur par ma voix vous propose.
» Du sang de vos soldats que la raison dispose.

» J'attends votre réponse : en la faisant, bachas,
» Vous-mêmes, sans besoin, ne nous réduisez pas
» A la nécessité de faire un sacrifice,
» Que pourrait payer cher un insensé caprice. »
Ce discours, dont le poids entraîne les esprits,
Tient quelques uns des chefs ébranlés et surpris.
Hascen et Piali, malgré tout leur courage
Et l'audace qu'en eux met la chaleur de l'âge,
Prompts à se déclarer dans un vif entretien,
Approuvent les motifs du généreux Chrétien.
A leurs vœux on oppose un sentiment contraire :
On rejette, on condamne un avis salutaire.
Dragut est le premier qui, d'un ton plein d'aigreur,
Objecte aux deux bachas sa gloire et sa valeur.
Dans le secret transport dont son ame est saisie,
« Est-ce là, leur dit-il, cette haine endurcie ;
» Ce long ressentiment qui doit régner en vous?
» Cette soif d'assouvir le plus juste courroux?
» Céderiez-vous, amis, aux tyrans de vos frères,
» Aux cruels oppresseurs de la loi de nos pères?
» Point de trêve avec eux. Qu'un assaut général
» A leur île aujourd'hui porte le coup fatal!
» Mustapha, prononcez. Si votre avis diffère,
» Laissez-moi plus injuste agir en téméraire.

» Quelque sort désormais qui me soit destiné,
» Ennemi des Chrétiens, à leur perte acharné,
» J'irai seul dans leurs forts les chercher, les combattre,
» Mourir ou sous le glaive à vos yeux les abattre. »
« Quoi! répond Mustapha, quoi! l'on pourrait douter
» Du zèle qui m'anime et me fait redouter!
» On croirait que ce cœur, jusqu'alors inflexible,
» A de si vains discours se montrerait sensible!
» Accueillerait des vœux par la crainte inspirés
» A des traîtres de nous justement abhorrés!
» Non, non, point de repos. Que tout serve nos armes!
» Mustapha ne se plaît qu'au milieu des alarmes.
» S'il est ici des cœurs que l'on puisse attendrir,
» Laissons-les, plus humains, rechercher et chérir
» De nos persécuteurs l'amitié, l'alliance,
» Et devoir leur défaite à trop de confiance....
» Chrétien, ajoute-t-il, retourne sur tes pas,
» Si tu ne veux subir à l'instant le trépas. »

Les deux jeunes bachas, qu'un tel discours offense,
Renferment leur dépit dans un profond silence.
Ils ne peuvent pourtant essuyer cet affront,
Sans que d'un prompt courroux se rougisse leur front.
Mais Dragut les prévient : il sait, avec adresse,
En flattant leur prudence, en louant leur sagesse,

Rejeter la rigueur d'un tel emportement
Sur l'indomptable effort de son ressentiment.
Il répare envers eux des torts qu'il n'attribue
Qu'au zèle dont l'excès trompa sa retenue.
Enfin des deux bachas il appaise l'esprit.
On parle de combattre, et chacun y souscrit.
De Malte les destins sont décidés sur l'heure.
Mais incertain encor chacun des chefs demeure.
Il s'agit, au moment qu'ils vont tout disposer,
De savoir par quel fort l'assaut doit commencer.
Tous ne leur présentaient qu'un accès difficile,
Qu'une enceinte escarpée, impénétrable asile,
Où les Chrétiens contre eux tonnant de toutes parts,
Pouvaient les écarter du pied de ces remparts.
Long-tems on délibère : on balance, on hésite;
On propose, on rejette, on se tait, on médite.
Et toujours le desir d'être bientôt vainqueurs
En secret aiguillonne et tourmente les cœurs :
A l'indécision se joint l'inquiétude.
Enfin de ces esprits cesse l'incertitude.
Mustapha de qui l'âge, autant que les exploits,
De son autorité semble accroître le poids,
Séduit par son espoir, se flatte de réduire
Ces forts qu'avant dix jours il jure de détruire.

Alors ce cœur farouche expose les moyens
Trouvés par sa valeur pour perdre les Chrétiens.
Aux discours de ce chef tout le conseil défère;
Et l'avis du vieillard est celui qu'il préfère.

FIN DU CHANT QUATRIÈME.

LA MALTÉIDE.

CHANT CINQUIÈME.

SOMMAIRE.

Le fort Saint-Elme est attaqué par l'artillerie formidable des Turcs. — Peinture de ce siége, et de l'extrémité où sont réduits les Chevaliers renfermés dans le fort. — Le grand-maître leur envoie un secours sous les ordres de Gonzalès et de Médran. — Entreprise de Mahomet pour ranimer l'ardeur des Turcs, engager Mustapha, leur général en chef, à redoubler d'efforts, et pousser Dragut à faire quelque coup d'éclat. — Tentatives de ce dernier, qui forme le projet de pénétrer dans l'intérieur du fort. — Il est arrêté par les Chevaliers. — Sa retraite — Perte faite par les Chrétiens d'un ravelin, ouvrage de fortification extérieur, qui était la plus forte défense des assiégés.

CHANT CINQUIÈME.

Des bachas obstinés la fatale réponse
Prépare les esprits aux assauts qu'elle annonce.
Le grand-maître surtout, en secret irrité
Du refus outrageant fait à son député,
Se résout de chercher, au sein de ses murailles,
La victoire ou du moins d'illustres funérailles.
  Cependant contre lui, torrent dévastateur,
S'avance l'ennemi conduit par la fureur :
Et l'armée, à travers et le sable et la roche,
Des remparts qu'elle assiége en longs circuits s'approche.
Ses bras multipliés dans chacun des soldats
Pressent du cruel Mars les sanglans attentats.
Mais déjà l'un des forts est investi par elle.
On attaque ses tours, on bat sa citadelle.
Leur masse altière, assise au sommet d'un rocher,
Dans ce terrible assaut est semblable au nocher,
Qui, sur l'onde surpris et pressé par l'orage,
A la fureur des flots oppose son courage.

En dépit de la vague, armé de tout son art,
Il n'abandonne point son salut au hasard,
Et loin que le péril d'aucun effroi le glace,
Il affonte, il combat la mort qui le menace.

Tels paraissent alors les Chrétiens assiégés.
Bravant tous les périls, par eux encouragés,
Soldats et Chevaliers font une résistance
Qui des fiers assiégeans étonne la constance.
Mais c'est des deux côtés le même acharnement,
La même soif de vaincre en cet affreux moment.
Des Turcs le feu redouble et fait voler sans cesse
Des boulets destructeurs contre la forteresse.
Cent tonnerres d'airain qui font trembler ces lieux,
Semblent confondre ensemble et la terre et les cieux;
Et, compagne du bruit qu'au loin ils font entendre,
Une épaisse vapeur court sur les flots s'étendre.

A l'ardeur de l'attaque, au plus puissant effort
Commençaient à céder les murailles du fort:
En vain l'on résistait; en vain, dans sa défense,
L'assiégé sur les murs épuisait sa vaillance.
Sans relâche excités par mille bras guerriers,
Contre le fort tonnaient des bronzes meurtriers.
Tous vomissaient l'effroi, le fer et la ruine.
De leur énorme tube, infernale machine,

Les globes élancés ébranlaient les remparts,
Et répandaient l'effroi, la mort de toutes parts.
Là tout ne présentait que torrens de fumée,
Que salpêtre cédant à la mèche allumée.
Qu'on se peigne l'Etna, quand foudroyant les cieux,
De son gouffre en furie il exhale les feux :
Et cette noble horreur sera la vive image
D'un assaut où l'enfer contemplait son ouvrage.
Mais dans les murs sappés un prompt secours arrive.
Animés, transportés de l'ardeur la plus vive,
Français, Anglais, Germains, tous, soldats aguerris,
Courent vaincre ou mourir sur de sanglans débris.
Gonzalès et Médran, dignes d'être à leur tête,
Ont déja de l'assaut affronté la tempête.
Avec eux l'espérance a ranimé les cœurs.
Le fort compte en son sein de puissans défenseurs,
Dont partout la présence aux assiégeans fatale,
Par mille et mille exploits sur les murs se signale.
C'est contre Piali qui les affronte en vain,
Qu'ils dirigent le feu de leurs foudres d'airain.
Au centre de l'attaque où la gloire le guide,
Ce bacha tourmenté d'une soif intrépide,
Court, devance les siens, brave jusqu'au trépas,
Et veut par son exemple exciter ses soldats.

Mais d'un roc foudroyé par une arme guerrière
L'éclat prompt et fatal l'étend sur la poussière :
On l'emporte. Le bruit d'un tel événement
Parmi les bataillons vole rapidement.
On pleure l'amiral ; l'attaque est ralentie :
Et Médran plus ardent hazarde une sortie.
Osant tout, et s'aidant des feux continuels
Vomis du haut des forts par des bronzes mortels,
Jusque dans la tranchée, il parvient, il s'élance,
Fond sur les Ottomans surpris et sans défense,
Profite de leur trouble, et renverse à ses piés
Chefs, soldats à la fois par lui sacrifiés.
  Torreglias soutient ce héros plein d'audace.
Fier émule, en valeur lui-même il se surpasse.
Excités par ce chef, de généreux guerriers
Pressent les flancs poudreux de leurs bouillans coursiers.
Dans leur emportement, dans leur essor rapide,
Ils font pleuvoir la mort de leur bras homicide :
Ils protègent Médran qui, dans ce choc heureux,
Se montre à l'ennemi non moins impétueux.
De tout ce qui voudrait lui fermer le passage
Il fait, avec les siens, un terrible carnage.
Tout s'ébranle, tout fuit. Mais, dans un tel danger,
Dragut et Mustapha prompts à s'en dégager,

Courent, joignant l'exemple aux plaintes, aux prières,
Rallier à grands cris leurs phalanges guerrières.
Leur voix retentissante arrête les soldats;
Et tous pleins de fureur revolent aux combats.
Médran ne cède point. Son indompté courage
Et s'obstine et s'accroît et résiste à l'orage.
En nombre inférieur, mais puissant par son art,
Des travaux ennemis il se fait un rempart:
Et là, jusqu'à la nuit, sa prudence aguerrie
D'un peuple d'assiégeans maîtrisa la furie.

L'ombre qui sépara ces braves combattans,
Suspendit jusqu'au jour des périls si constans.
Au sein de ses remparts Médran fait sa retraite:
Sa valeur n'est encor qu'à demi satisfaite.
Il voudrait dans ce jour, au prix de tout son sang,
Du dernier adversaire avoir percé le flanc.
On accourt pour le voir: chacun, sur son passage,
Par des cris redoublés exalte son courage.
Mais, après qu'à Dieu seul rapportant leurs succès,
Les vainqueurs en son temple ont chanté ses bienfaits,
Ils vont dans un repas, où la faim les appelle,
Rendre à leurs corps lassés une vigueur nouvelle.
Dédaignant des festins le faste séduisant,
Ils sont contens d'un mets, simple mais nourrissant,

Dont chacun, du besoin esclave tributaire,
Eprouve en soi bientôt la vertu salutaire.
Un doux sommeil enfin, présent heureux des cieux,
Avec l'ombre descend et s'étend sur leurs yeux.
Protégeant leur repos, une ardente jeunesse
Va seule, jusqu'au jour, garder la forteresse.
Ils oubliaient leurs maux : et, comme eux, l'ennemi
Dans un calme profond reposait endormi.
Du soldat fatigué la vigueur se répare.
Mais les prochains travaux que le sort lui prépare,
Prolongent dans la nuit, favorable aux secrets,
L'entretien des bachas alarmés et discrets.
Sur l'assaut qui doit suivre on parle, on délibère.
La fortune sans cesse à leurs armes contraire;
Tant de revers pour eux tous les jours renaissans,
Agitent ces guerriers des soins les plus pressans.
Ils sortent du conseil, abordent dans sa tente
Piali dont le mal a trompé leur attente.
Des prompts secours de l'art ils espéraient en vain
Un miracle au-dessus de tout pouvoir humain.
Pour calmer sa douleur et fermer sa blessure,
Il fallut qu'à son sort compâtit la Nature.
Par l'Amour invoquée, à peine a-t-elle appris
Les dangers d'un héros protégé par son fils,

Qu'elle veut que Zéphire aille, d'un vol agile,
Porter son assistance à ce guerrier débile.
Il obéit, s'éloigne et court fendre les airs :
Il a dans un moment franchi les vastes mers.
Il descend sur des monts, et, semblable à l'abeille
Qui va pillant le thym et la rose vermeille,
Il parcourt leurs sommets, où mille végétaux
Présentent à son choix leurs précieux rameaux.
Il en extrait un suc, aromatique essence,
Qui seule du bacha doit calmer la souffrance.
Il part, il va dans Malte, où son souffle puissant
Bientôt se fait sentir au mortel languissant.
Il répand la fraîcheur sur ce brûlant rivage,
Et sur-tout la prodigue au soldat qu'il soulage.
Mais qui n'admira point ses secrets merveilleux,
Ses soins pour l'amiral et leurs effets heureux?
Invisible, il l'aborde : et, tandis que l'on tente
Tout ce que sur son mal peut une main savante,
Il visite sa plaie, y verse une liqueur
Qui réveille ses sens et leur rend la vigueur.
D'un reste de douleur elle charme l'atteinte,
Et ranime le feu de sa chaleur éteinte.
Enfin ce musulman, sans pénibles efforts,
Se lève, et de ses pieds fait mouvoir les ressorts.

Dans les bachas surpris soudain la joie éclate.
Satisfaits, et livrés à l'espoir qui les flatte,
Mais cédant au sommeil qui vient s'emparer d'eux,
Ils en vont tous goûter le charme impérieux.
Des Chrétiens cependant l'ennemi redoutable
Court sur eux assouvir son courroux implacable.
C'est Mahomet lui-même avec dépit conduit
Par de sombres détours, dans un vaste réduit;
Séjour de la terreur et de monstres farouches
Dont rien ne peut fermer les yeux caves et louches.
Là règne la Vengeance, au geste menaçant.
Sa main tient un poignard tout dégoutant de sang:
Elle agite ce fer, en cherchant la victime
Que demande à son bras le courroux qui l'anime.
Elle ne connaît point les douceurs du repos.
Sur elle en vain Morphée épuise ses pavots.
Elle attend, nuit et jour, dans un affreux silence,
Le moment de punir la plus légère offense.
Son corps maigre et hideux, miné par la fureur,
Inspire, en se mouvant, une secrete horreur.
La soif du sang humain sans cesse la tourmente,
Et loin de s'étancher, en le versant, s'augmente.
« O vous! Reine des cœurs, lui dit en l'abordant,
» Mahomet par l'enfer poussé d'un zèle ardent:

» En cet obscur séjour quel pouvoir vous enchaîne?
» Pour d'indignes guerriers vous partagez ma haine:
» Et déjà de retour des rivages maltais,
» Vous laissez au hasard à régler nos succès!
» Suivez-moi : loin d'ici venez dans le carnage
» Nous venger et punir le plus sanglant outrage;
» Écrasons les Chrétiens : il faut les perdre tous
» En dirigeant contre eux d'inévitables coups. »
La Vengeance obéit, le suit d'un vol rapide,
Et chez les musulmans arrive avec son guide.

Sur ses pas accouraient, avides de malheurs,
Les filles de l'enfer et toutes les fureurs.
Aussitôt leur essaim se répand dans l'armée:
D'attentats et de sang cette troupe affamée,
Dans l'ame du soldat fait glisser son poison,
L'en abreuve à longs traits et flétrit sa raison.
Sous un extérieur à ses desseins propice,
Elle employe un perfide et puissant artifice:
Tantôt c'est la sultane et tantôt Soliman
Qu'elle présente en songe à chaque musulman.
De tous deux avec art elle emprunte l'image,
Peint de l'un tout le deuil, de l'autre l'esclavage:
Et les soldats séduits jusque dans leur sommeil,
Pour servir ses projets, vont hâter leur réveil.

Que d'assauts, de combats, au lever de l'aurore,
Vont leurs sanglantes mains renouveller encore!
  Et pendant qu'à l'envi ces homicides sœurs
Du repos de l'armée altèrent les douceurs;
Qu'aux soldats endormis elles soufflent la rage,
La Vengeance partout se faisant un passage,
Va, vient, parcourt le camp, à l'aide de la nuit,
Et jusqu'auprès du chef en secret s'introduit:
Elle voit le sommeil peser sur sa paupière,
Appesantir ses sens, dompter son ame altière.
Vers lui, d'un pas rapide, et, ferme en son dessein,
Elle avance, se glisse et s'étend sur son sein:
Dans ses bras la cruelle étroitement le presse.
De lui, de ses esprits, elle se rend maitresse.
Elle enflamme son sang, rallume sa chaleur,
Et lui tient ce discours qui se grave en son cœur:
« Poursuis, bacha, poursuis, et fais voir qu'à ton âge
» Un grand cœur peut encore illustrer son courage.
» Dispute la victoire à tes jeunes guerriers,
» Et que tes seuls efforts triomphent les premiers. »
Elle dit: Mustapha qui ne rêve qu'alarmes,
S'agite, étend le bras, veut reprendre ses armes;
Il s'éveille en sursaut, et sa bouillante ardeur
De la nuit trop tardive accuse la lenteur:

Il croit entendre encor l'implacable déesse
Dont la voix au carnage excite sa vieillesse.
Mais elle, comme un souffle, a fui loin de ses yeux.
  Elle court vers Dragut, qui sur un lit pompeux,
Reposant près des siens dans un profond silence,
Donne jusques au jour relâche à sa vaillance:
Elle approche et s'empare aussitôt de ses sens.
Des poisons elle verse en lui les plus puissans,
Le pousse à tout oser, sans crainte de disgrace,
Et du plus grand projet lui suggère l'audace.
Ainsi, tramant dans l'ombre un complot destructeur,
Ces monstres préparaient le massacre et l'horreur.
  Mais la nuit eut bientôt terminé sa carrière.
L'étoile du matin ramenait la lumière;
Et l'Aurore, sortant des bras du vieux Titon,
Des roses de son teint colorait l'horizon.
Déjà des feux doraient la cime des montagnes:
L'astre brillant du jour ranimait les campagnes.
Au lieu des doux accens, du concert des oiseaux,
Des chants de la bergère et du son des pipeaux,
Qu'autrefois répétaient les échos du rivage,
On n'entend que les cris d'une horde sauvage.
L'airain tonne, et du fort l'assaut recommencé
Est par un bruit terrible aux Chrétiens annoncé.

Le jour aux assiégeans donne une ardeur nouvelle.
Dans leurs yeux la fureur, le desir étincelle :
Et flattant les esprits, Mustapha leur promet
Auprès de l'éternel l'appui de Mahomet.
Il joint à ses discours une entière assurance :
Il donne à tous l'exemple, à leur tête il s'avance,
Et droit au pied des murs, à travers mille feux,
Il fait de ses soldats marcher les flots poudreux.
Jusque sur les débris, une foule élancée
Gravit, est par son chef constamment devancée.
Le fer, le feu, la mort pleuvent sur les remparts.
Le carnage et l'horreur règnent de toutes parts :
Mais si le Musulman témoigne sa vaillance;
Avec non moins d'ardeur, non moins de violence,
Le Chrétien soutenu d'un pouvoir triomphant,
Contre tant d'ennemis combat et se défend.

Dans ces rudes travaux Dragut que rien n'arrête,
Toujours prêt à braver l'effort de la tempête;
Attentif, prompt sur-tout à former un dessein,
Jusqu'au centre du fort veut s'ouvrir un chemin.
Un intrépide ami dans l'assaut le remplace :
Et lui-même, inspiré, séduit par son audace,
De ses Algériens au combat acharnés
Il aborde et choisit les plus déterminés :

A le suivre ils sont prêts. L'espoir sur son visage
Brille, et semble être à tous le plus heureux présage :
« Compagnons, leur dit-il, jouets d'un cruel sort,
» Faudra-t-il, sans nul fruit, braver ici la mort?
» Confondre dans la foule et votre ardent courage,
» Et l'honneur d'un assaut qu'avec nous on partage?
» Ah! plutôt attestons que le fer, dans nos mains,
» Peut seul en ces combats triompher des destins.
» Suivez-moi : je prétends, en nous couvrant de gloire,
» Vous frayer un chemin qui mène à la victoire...
» C'est au sein de ces murs, des assiégés surpris,
» Que de si longs travaux nous recevrons le prix.
» Soldats! perçons le flanc de ces roches altières ;
» Que le hoyau, le pic, arme nos mains guerrières!
» Ce n'est qu'à la faveur d'un ténébreux sentier,
» Que nous pourrons cueillir un immortel laurier. »

Ce discours qui commande à tous la confiance,
Excite et leur desir et leur impatience.
C'est à qui des soldats s'armera le premier
D'un fer prompt à servir leur zèle meurtrier :
A la voix du héros, la troupe infatigable
Attaque des remparts l'assiette formidable.
Les feux d'un ciel brûlant ne les arrêtent pas.
Sous un mordant acier, ministre de leurs bras,

Ils font céder le roc à leur bouillant courage,
Et jusque sous les murs ils s'ouvrent un passage.
Les voilà déjà près d'un vaste souterrain,
Où l'art combat l'audace et sait lui mettre un frein;
Lieu par lui consacré pour éventer la mine,
Lieu sauvé dans ce jour par une main divine.
Un ange cependant, puissant libérateur,
Vient aider les Chrétiens en ce pressant malheur.
En secret descendu dans la cité notable,
Et se montrant aux yeux de leur chef vénérable:
« Ami de Dieu, dit-il, qui m'adresse vers vous,
» Songez à vous sauver, à prévenir les coups
» D'un ennemi caché, qui minant cette place,
» Du plus grand des périls ici-bas vous menace.
» A l'aide de travaux et de chemins obscurs,
» Sous vos pieds il s'avance et pénètre en ces murs:
» Il a surpris des forts la voûte souterraine,
» Et jusqu'à vous se fraie une route certaine.»
Il dit et disparaît. la Valette à l'instant
Révéle aux assiégés ce secret important.
Dans le cœur des soldats l'alarme est répandue;
Chacun pleure du fort la perte inattendue.
Sans secours que celui des esprits consternés,
Qu'opposer à des flots d'ennemis acharnés?

Contre eux tout semble vain ; on est dans le silence,
Et nul n'ose d'abord songer à sa défense.
  Mais l'exemple du chef dissipe ces terreurs,
Fait fuir au loin la crainte et rassure les cœurs.
L'espérance renaît. Déjà même une armée,
Avide de périls, de valeur enflammée,
Au fond du souterrain précipite ses pas,
Et n'aspire qu'à vaincre à force de combats.
La lueur des flambeaux en ce moment l'éclaire.
Là, gardant un silence et sage et nécessaire,
Elle attend l'ennemi, dont les bras vigoureux
S'efforcent d'ébranler la voûte de ces lieux.
A l'épaisseur des murs, trop faible résistance,
En vain le dur ciment prête son assistance.
Le roc cède à l'acier, s'écroule avec fracas,
Et livre son enceinte aux horreurs du trépas.
Il succombe à l'assaut tel qu'un chêne à l'orage.
On s'y jette, on s'acharne, on se fait un passage;
On s'élance à l'envi dans ce lieu ténébreux,
Où la mort aussitôt porte son vol affreux.
  Enfin l'ardent bacha comme un trait y pénètre.
Mais quel effroi lui-même en son cœur il sent naître!
Surpris loin de surprendre, il tombe lui, les siens
Dans les cruels hasards qu'il portait aux Chrétiens.

On l'attaque, on le presse, on veut avoir sa vie.
La fureur dans son sang brûle d'être assouvie.
C'est à qui l'atteindra, l'enverra chez les morts.
Ses fiers Algériens le couvrent de leurs corps:
Et pour lui, contre lui, s'augmente encor la rage,
S'accroît le désespoir, s'échauffe le carnage.
En ce fatal réduit, lieu sombre et resserré,
Tout cherche, tout affronte un péril assuré;
Tout présente le meurtre et ses noires alarmes.
Les cris des combattans, le cliquetis des armes,
Le choc bruyant d'un fer sans cesse se heurtant,
Qui se mêle, se croise, et frappe à tout instant;
Tant d'effroyables sons, que prolonge et redouble
L'écho retentissant du fracas d'un tel trouble,
Annoncent, au dehors, avec quelle fureur
Lutte de part et d'autre une égale valeur.

Mais bientôt les Chrétiens, dont l'étonnant courage
A pour eux jusqu'alors soutenu l'avantage,
Par des efforts accrus, des coups impétueux,
Forcent des Musulmans les flots tumultueux.
Dragut résiste encor. Ce chef que rien n'étonne,
Qui semble défier la mort qui l'environne,
Par ses cris, son exemple, arrête ses soldats,
Rassure leur esprit et ranime leurs bras.

Au plus fort des périls, où se plaît son audace,
Il court, en se vengeant, réparer sa disgrâce.
Mais que ce fier courage y trouve de travaux!
Et quel front il oppose à des revers nouveaux!
Il combat en héros, dont la mâle assurance
Des siens dans le malheur relève l'espérance.
Enfin Dragut, forcé de céder au destin,
Songe à se dégager du fatal souterrain:
Il ne fuit pas; mais tel qu'un lion redoutable,
Que la fatigue épuise et que le nombre accable,
A l'aspect du péril qu'il voudrait éviter,
Va donnant le trépas à qui l'ose arrêter,
Tel le bacha s'éloigne, en déployant encore
Sur son front menaçant un courroux qui l'honore.
A la brèche il revole : intrépide assaillant,
Il paraît, et l'assaut en devient plus sanglant.
Il veut, loin de tenter nul moyen de retraite,
Et réparer sa perte et venger sa défaite.
Son devoir seul l'anime : un motif si puissant
L'enflamme pour sa gloire et l'honneur du Croissant.
Hascen se joint à lui. Digne émule, il partage
Son mépris du trépas, son calme dans l'orage.
Compagnon de Dragut, il en a la valeur.
Son âge la soutient de toute sa vigueur.

Jeune, mais à l'audace alliant la sagesse;
Sévère avec raison, indulgent sans faiblesse,
Il sait aux Musulmans qui marchent sous ses lois,
Commander et la crainte et l'amour à la fois:
Avec quel front lui-même il combat à leur tête!
Le plus grand des périls, la mort, rien ne l'arrête:
Et comme lui chacun, dans cet acharnement,
Prouve la même ardeur, le même dévoûment.

Cependant Piali, dont l'atteinte sanglante
Tient sa valeur encor captive dans sa tente,
Honteux, impatient, rougit de son repos,
Et prétend partager de si brillans travaux.
Dans ce noble desir, aidé de sa jeunesse,
Il recouvre à la fois sa force et sa souplesse:
Il part, il est déjà parmi les assaillans.
Pour eux quelle surprise! ils en sont plus bouillans.
A l'aspect d'un guerrier, que la gloire des armes
Ramène, faible encore, au milieu des alarmes,
Il n'est rien désormais qui les puisse arrêter,
Point d'efforts, de hasards qu'ils ne veuillent tenter.
Ainsi l'ardent limier qu'un long repos fatigue,
Court, vole, disparaît, de sa valeur prodigue,
Et portant l'épouvante au plus lointain vallon,
Excite des chasseurs le rapide escadron.

L'amiral combattant, son intrépide audace,
Celle de Mustapha que nul guerrier n'efface;
L'exemple de Dragut qui précède les siens,
Encourageant les Turcs, font céder les Chrétiens.
La victoire est dès-lors aux assiégeans promise.
Un invisible esprit souffle et les favorise.
C'est Eole en courroux qui lâche les Autans,
Les excite et trahit l'effort des résistans:
Il pousse vers le fort une épaisse fumée
Qui dérobe aux Chrétiens l'approche de l'armée.
Chefs, soldats, tout s'avance; et, tandis que pour eux
Les vents sur les remparts roulent des flots poudreux,
Des appuis sont dressés contre la forteresse,
Où chacun de gravir en tumulte s'empresse.
On s'élève à leur aide; et jusqu'au ravelin
On parvient, on pénètre, on s'y retranche enfin.
Le fort eût succombé, sans une main divine
Qui secourut ses murs si près de leur ruine.
L'Eternel, dont la voix commande aux élémens,
En faveur des Chrétiens sait réprimer les vents:
Il retient leur haleine, et, dans la citadelle,
Donne à ses Chevaliers une force nouvelle.
Chaque mur est par eux constamment défendu:
Mais où les a réduits celui qu'ils ont perdu,

Ce fatal ravelin, d'où la foule enhardie
Bat le fort qu'elle attaque avec plus de furie?
Les Chrétiens résignés à leur cruel destin,
N'attendent plus alors qu'une honorable fin.

FIN DU CHANT CINQUIÈME.

LA MALTÉIDE.

CHANT SIXIÈME.

SOMMAIRE.

Pendant le siége du fort Saint-Elme, Soliman cherche Elvire sur les mers. — Ismar, son ravisseur, l'avait emmenée dans une île déserte et sauvage. — Description de cette île. — Soliman y débarque. — Spectacle qu'il y voit. — Catastrophe déchirante d'Elvire. — Le sultan est plongé dans la plus vive douleur. — Mahomet lui apparaît en songe : il l'exhorte à surmonter ses chagrins, et à se rendre dans Malte pour y presser le siége des forts, etc., etc.

CHANT SIXIÈME.

Cependant, loin de Malte, et toujours dans l'attente,
Voguait de Soliman la flotte menaçante.
Ce sultan, l'ame en proie à sa juste fureur,
De son amante encor cherchait le ravisseur.
Victime de l'espoir où son amour se fonde;
Du poids de ses vaisseaux, las de fatiguer l'onde,
Il accuse le ciel et la terre et les eaux
De lui soustraire Elvire et l'auteur de ses maux.
 C'était au fond d'une île et déserte et sauvage,
Que le cruel Ismar lui cachait son outrage.
Ce lieu favorisait ses coupables desseins:
Un ombrage touffu, des antres souterrains;
Des rochers, dont la cime est dans les airs perdue;
Des abîmes, des monts, d'une vaste étendue,
Tout, dans ce solitaire et lugubre séjour,
Se prêtait aux larcins d'un criminel amour.
Un bruit sourd en tout tems au loin s'y fait entendre:
L'horreur semble y régner. Jamais une voix tendre

N'y charma les échos par d'agréables sons.
Le berger n'y vient pas fredonner ses chansons.
Des torrens écumeux qui, de leurs flots rapides,
Battent avec fracas des rocs, des monts arides,
Troublent seuls le repos de ces sombres déserts,
Qui n'ont que la tempête et les vents pour concerts.
Quel séjour pour Elvire !... ô triste destinée !
D'écueils de toutes parts elle est environnée;
Et de tous les mortels le plus vil à ses yeux
Est le seul qui la suive en ces funestes lieux.
Ce coup du sort l'accable... Excitant sa tendresse,
Le sultan seul l'occupe et l'agite sans cesse.
Un souvenir si cher ajoute à son tourment :
C'est là de ses ennuis l'éternel aliment.
Ces rocs, leur sombre aspect ; l'horreur continuelle
Qui règne, qui s'accroît, qui s'étend autour d'elle,
Au fond de ces déserts lui montrent son tombeau,
Et dans le fier Ismar son plus cruel bourreau :
Il la tenait captive en ce lieu solitaire.
D'abord, amant soumis, attentif à lui plaire,
De gages d'amitié, d'égards respectueux,
Il avait constamment accompagné ses feux.
Mais enfin, quand au lieu d'une amante sensible,
Dans Elvire il ne vit qu'une femme inflexible,

Il cessa d'opposer à ses constans refus
Le sentiment, l'honneur et des soins superflus:
Il devint emporté, superbe et téméraire.
Sans frein, n'écoutant plus qu'une indigne colère,
Que l'odieux dépit d'un espoir abusé,
Il se livre aux transports d'un amour insensé.
Tantôt, auprès d'Elvire, il supplie, il menace;
Tantôt, c'est un lion qu'irrite son audace:
Il frémit, fuit, revient, veut, dans son désespoir,
Rejoindre sa captive, heureux de la revoir.
Mais Elvire, fidèle au sultan qu'elle adore,
Rejette le tyran qu'en son cœur elle abhorre.

Le trouble du corsaire à son comble est porté.
Il s'éloigne, il parcourt, d'un pas précipité,
Les bois, les monts altiers dont cette île est couverte:
D'Elvire et de lui-même il médite la perte;
Il la jure: et poussé par son emportement,
Il revole en des lieux qu'il fuyait vainement:
Il y retrouve Elvire, et sur l'heure il oublie
Sa résolution, le serment qui le lie.
Dût-il se voir en butte à de nouveaux mépris,
Il presse, insiste, obsède, est toujours plus épris.
Chaque jour ramenait ces scènes alarmantes,
Ces plaintes, ces fureurs, sans cesse renaissantes;

Et le farouche Ismar, dans ce désordre affreux,
Fut long-tems consumé de l'ardeur de ses feux.
Confus, mais plus terrible en perdant l'espérance,
Les yeux étincelans d'amour et de vengeance,
Il court tenter encor l'inflexible beauté
Pour qui le cruel brûle avec tant d'âpreté.
Elle versait des pleurs; et sa vive tendresse
Plus que le malheur même excitait sa tristesse.
Elle se rappelait tant de momens heureux
Coulés près d'un monarque et grand et généreux,
Où, dans l'attachement que lui gardait son ame,
Ce héros l'honorait des gages de sa flamme.
Son cœur serré s'épuise en regrets superflus;
Elle a présent toujours un bonheur qui n'est plus.
Étrange changement!.... Dans l'effroi, dans les larmes,
Quels témoins désormais a-t-elle de ses charmes?
Un traître, dont l'aspect la plonge dans le deuil!
Des antres, des rochers, devenus son cercueil!
Des traits les plus aigus elle était déchirée,
Sur-tout, quand du Sultan l'image révérée
Offerte à son esprit, venait dans sa douleur
Sur elle appesantir le fardeau du malheur.
De sinistres pensers un essaim l'environne.
Elle s'y livre : alors tout espoir l'abandonne.

Comme un bienfait, sa bouche invoque le trépas.
Et c'est dans ces tourmens, que brillante d'appas,
Que parcourant des yeux ce séjour effroyable,
Elle revoit l'auteur de son sort déplorable.
  Furieux, il l'aborde et tombe à ses genoux.
L'éclair de son regard lui peint tout son courroux,
Les desirs effrénés d'une ardeur criminelle
Et l'audace d'une ame à la pitié rebelle.
D'une voix âpre et rauque, il profère ces mots:
« Cruelle! tes rigueurs m'ont ôté le repos;
» Achève, et d'un amant termine l'existence,
» S'il ne peut de ton cœur vaincre la résistance.
» Ce fer, qui de mes jours doit trancher le lien,
» Sortira de ton flanc pour entrer dans le mien,
» Préviens mon désespoir, et que l'amour unisse
» Deux cœurs, dont il a fait si long-tems le supplice. »
« Eh bien! répond Elvire, accomplissez mon sort;
» Frappez, Frappez ce sein : ministre de la mort,
» Que par vous la lumière enfin me soit ravie :
» Par pitié, terminez ma languissante vie. »
  Ces mots sur son esprit font un effet soudain.
De cet affreux corsaire ils désarment la main :
Le poignard s'en échappe. Ismar, dans le silence,
De sa flamme en secret combat la violence :

Il soupire, il se calme, et ce barbare amant
Pour sa victime en pleurs s'attendrit un moment.
Devant elle, honteux, interdit, immobile,
Il cesse de s'armer d'une audace inutile :
Il voudrait vaincre un mal prêt à le ressaisir.
Vains efforts! rien ne peut surmonter son desir.
D'un amour méprisé le feu qui le consume
Plus furieux encor tout-à-coup se rallume.
Il ne peut résister à l'excès d'une ardeur
Qui le mine, le brûle et dévore son cœur :
Il se relève. Alors de son ame brutale
Par des transports muets tout le courroux s'exhale :
Au plus affreux désordre il demeure livré.
Ennemi redoutable, amant désespéré,
Il erre autour d'Elvire, et tient fixés sur elle
Des regards où sa flamme avec rage étincelle.
L'insensé, convoitant ses augustes attraits,
Sent son coupable cœur percé de nouveaux traits :
Il veut parler, sa voix sur ses lèvres expire.
Tremblant, n'écoutant plus qu'un terrible délire,
Il s'arrête... et bientôt, d'un pas impétueux,
Le dépit dans le cœur, la fureur dans les yeux,
S'élançant vers l'objet de ses noires alarmes,
Il veut à ses desirs soumettre enfin ses charmes.

Elvire au même instant s'échappe de ses bras.
L'épouvante, l'horreur emporte au loin ses pas;
Elle fuit l'ennemi qui vole sur ses traces.
Mais quel est son destin?.. Ah! mortelles disgrâces!
Aux yeux de son tyran, dont l'espoir s'est accru,
Grand Dieu! l'infortunée a soudain disparu....

Sur l'onde errant encor, que fait l'époux d'Elvire?
Le sort, dans sa rigueur, pour combler son martyre,
En déchaînant les vents sur la face des eaux,
Avait jusqu'en ce jour dirigé ses vaisseaux.
Ils sont poussés par lui vers le triste rivage,
Où près d'Elvire Amour pleure un sanglant outrage.
On débarque : et le prince, abordant sans dessein,
Par les ordres qu'il donne, obéit au destin.
Il parcourt, il franchit des routes tortueuses,
Contemple des rochers les cimes sourcilleuses;
Et, toujours entraîné par un pouvoir secret,
Se plaît à découvrir quelque nouvel objet.
Quel est celui qui frappe en ce moment sa vue?
Ciel! il voit dans son sang une femme étendue;
Il voit ses yeux éteints, ses grâces, ses attraits,
Par la nuit du trépas effacés pour jamais.
Soliman s'en approche... il reconnaît Elvire!
A cet aspect, quel trait le perce et le déchire!

Il pousse un cri d'horreur. Dans un premier transport,
Il saisit son poignard, veut s'en donner la mort.
Où sa grande ame, hélas! n'est-elle point réduite!
Il tombe évanoui, soutenu par sa suite.
Pâle, l'œil égaré, sans voix, sans mouvement,
Il succombe d'abord à son affreux tourment.
Mais bientôt dans son sein la douleur se ranime:
Alors du traître Ismar déplorant la victime,
Il la prend dans ses bras, et mêle avec son sang
Les baisers qu'il lui donne et les pleurs qu'il répand

O prince infortuné! quelle est donc la furie
Qui te vint enlever cette femme chérie?
Comment le cruel sort, dans ce sombre séjour,
Lorsque tu la cherchais, lui ravit-il le jour?
Devant Ismar fuyait la sultane éperdue.
Un spectre épouvantable apparaît à sa vue,
L'aborde, et de l'enfer consommant le dessein,
La pousse avec effort dans l'abîme voisin.
Sur des rocs, dont chacun se prête à son supplice,
Elle roule, bondit, tombe en un précipice:
Et c'est là que son corps, tout meurtri, déchiré,
Aux regards du sultan s'offre défiguré.

Mais le ciel fit bientôt éclater sa vengeance.
Sans doute il la devait au cri de l'innocence.

Ismar cherchait Elvire; et, du sommet d'un mont,
Il accourait plongé dans un trouble profond.
Il arrive... ô terreur! plein du soin qui l'agite,
Effaré, haletant, d'effroi l'ame interdite,
Il veut fuir mais en vain l'aspect de Soliman:
Il est soudain saisi par ordre du sultan
Qui, bouillant de fureur, dès qu'il le voit paraître,
De cent coups de poignard perce à l'instant le traître:
« Meurs, scélérat, dit-il, et délivre à jamais
» Ces lieux avec ton sang souillés de tes forfaits;
» Reçois le prix du crime... Elvire m'est ravie!
» Tu fais, par son trépas, le tourment de ma vie!
» Mais que ton châtiment apprenne à l'Univers
» Comment j'ai su venger l'amante que je perds,
» Et quels terribles maux réserve ma justice
» A tous ces Chevaliers dont tu fus le complice.
» Sur eux j'irai dans Malte assouvir ma fureur,
» Exterminer leur Ordre en leur perçant le cœur;
» Oui, j'irai de mes mains renverser leurs murailles,
» Et du dernier Chrétien déchirer les entrailles.
» Elvire! de nouveau reçois-en mon serment:
» Ta vengeance est remise au bras de ton amant. »

Il achevait ces mots; par son ordre on s'empresse
D'enlever la beauté que pleure sa tendresse.

D'un air morne, accablé du poids de sa douleur,
Il suit, en déplorant l'excès de son malheur.
Avec lui, d'un pas lent, plongé dans le silence,
A travers les rochers le cortége s'avance.
Tout ce qui l'environne, et ces monts sablonneux
Dont l'aride sommet n'a rien que de hideux,
Et ces antres obscurs, ces roches solitaires,
Des nocturnes oiseaux retraites ordinaires,
Au trouble des esprits, à leur sombre langueur
Semblent mêler encore un secrète horreur.
A l'aide cependant d'une route incertaine,
Jusqu'au prochain rivage on arrive avec peine :
On porte et l'on descend le corps sur un vaisseau,
Digne d'en recevoir l'honorable fardeau.
Là, devant le monarque, Elvire est déposée;
Là, muette et sans vie elle reste exposée.
Il ne la quitte point : son aspect, tout le jour,
Entretient sa douleur, irrite son amour.
Immobile lui-même, anéanti près d'elle,
Il nourrit de son mal l'amertume cruelle.
Au plus mortel ennui se mêle sa fureur,
Et, pour mieux éclater, se concentre en son cœur.
Telle d'un noir volcan la lave bouillonnante
Dans ses flancs caverneux s'agite, se tourmente,

Fait ouïr un bruit sourd, prélude menaçant
Des feux prêts à jaillir de son sein mugissant.
L'ame à son deuil en proie, à l'amour asservie,
Dédaignant jusqu'au soin de prolonger sa vie,
Le sultan que déchire et flatte son tourment,
En fait durant ce jour son unique aliment.
Du plus cuisant chagrin déplorable victime,
Lui-même de ses maux il creuse encor l'abîme.
Cependant, par des vœux, des soins consolateurs,
On parvient à charmer de si vives douleurs.
De la tendre amitié la touchante éloquence
Sait par son onction calmer leur violence.
Le monarque lui cède et, fidèle au devoir,
Il s'arrache à l'objet de son long désespoir.
En s'éloignant d'Elvire, il retourne au rivage,
Et cent fois au destin reproche son outrage;
Tandis que son amante est admise aux honneurs
Que l'on rend, dans la tombe, aux suprêmes grandeurs.
Sur elle l'on prodigue, avec des flots d'essence,
Des parfums dont la mort respecte la puissance.
En gardant au sultan des restes précieux,
Ils sauront du trépas triompher a ses yeux,
Lui laisser d'une épouse une image réelle,
Et sauver du néant sa dépouille mortelle.

Après de longs travaux où l'art s'est surpassé,
Un lit sombre et pompeux pour Elvire est dressé.
L'or, la pourpre et la soie à l'envie le composent;
Et dans un lieu funèbre, où ses restes reposent,
Sont de vains ornemens, symboles du malheur,
Qu'éclaire des flambeaux la lugubre pâleur.
Autour d'elle est rangée une garde honorable.
Là s'offre le sultan toujours inconsolable,
Et jurant de punir, par les plus durs combats,
Le plus noir à ses yeux de tous les attentats.
Mais le souffle des vents la retenait encore.
Le monarque en profite : il veut que l'on décore
Ces déserts, d'un lugubre et sacré monument
Qui dise au voyageur son amoureux tourment.
Sans relâche aussitôt des bras infatigables
Attaquent de ces lieux les enfans respectables,
Des chênes, des sapins, des arbres monstrueux
Qui portaient jusqu'au ciel leur front majestueux.
Sous ses coups la coignée entraîne leur feuillage
Et ravit aux rochers un magnifique ombrage.
De leur bois qu'il transforme, un fer industrieux
Erige un vain tombeau, simulacre pieux;
Dont la solidité, dans sa prompte stucture,
Reculera des tems l'inévitable injure.

On arbore au sommet quatre pompeux croissans,
Et l'on grave ces mots, simplesm ais imposans :
» Sous l'attentat du crime ici périt Elvire,
» L'amour de Soliman, l'honneur de son empire.

Après que ces pieux et funèbres honneurs
Eurent du prince en deuil consacré les douleurs,
A ses sombres coursiers la nuit lâchant les rênes,
Sur la terre bientôt versa l'oubli des peines.
Déjà l'heureux Morphée agitant ses pavots,
Avait chez les humains ramené le repos :
Il leur rendait le calme, à cette heure paisible
Où l'homme est entraîné par un charme invincible ;
Quand bornant son travail, un sommeil gracieux
Vient, pour le soulager, appesantir ses yeux.
Seul alors il suspend l'ennui du misérable,
Et mêle à sa langueur un bienfait secourable.
Soliman qu'épuisait un si long désespoir,
Combat, repousse en vain son absolu pouvoir.
Le Dieu qui l'assoupit, fait glisser en ses veines
Un suc consolateur des disgrâces humaines :
Il tempère le feu du courroux qui l'aigrit,
Et, maître de ses sens, appaise son esprit.

Tandis qu'un doux sommeil régnait sur sa paupière,
La nuit dans le silence avançait sa carrière :

Elle en avait déjà parcouru la moitié.
Tout-à-coup témoignant une feinte pitié,
Aux regards du monarque apparut le prophète,
Des volontés du ciel imposteur interprète.
Son front, ceint d'un turban, joignait à la fierté
Le factice appareil de la divinité :
Un croissant y formait son riche diadême.
Tout annonçait en lui la majesté suprême.
Il dit à Soliman, l'œil attaché sur lui :
« Prince, d'un vaste empire et la gloire et l'appui,
» Soutien de l'Alcoran, protecteur de Médine,
» digne sang des héros dont je suis l'origine,
» Poursuis tes grands desseins. Mais cesse dans ces lieux
» De consumer ainsi des momens précieux.
» Vole avec tes guerriers où le devoir t'appelle;
» C'est là qu'il faut venger une beauté fidelle,
» Ses malheurs, ton amour, Mahomet et ta foi.
» Là ton armée attend et réclame son Roi;
» Elle combat en vain, si bientôt ta présence
» Ne vient dans ses assauts ranimer sa constance.
» Va, cours faire aux Chrétiens respecter ta valeur;
» Et que Malte s'abaisse aux pieds de ta grandeur.
» Demain, des vents changés le souffle favorable
» Assure sa conquête à ton bras formidable :

» Emporte, j'y consens, l'objet de tes douleurs;
» A de justes regrets joins quelques tendres pleurs.
» Mais, d'un cœur résigné, sache endurer la peine
» Où sa perte a réduit ta vertu souveraine.
» Le héros se dément, s'il paraît s'y livrer;
» Plus elle est vive, et plus il la doit modérer.
» Elvire, par ma voix, elle-même t'engage
» A venger dans le sang son trépas qui t'outrage. »
Le prophète à ces mots, par un charme puissant,
Offre aux yeux du monarque un séjour ravissant;
Jardin promis aux siens pour prix de leur croyance,
Et qui jamais des airs n'a senti l'inclémence.
« Vois, généreux Sultan, ajoute Mahomet,
» Vois quel destin le ciel à la vertu promet.
» Saisons, climats sans cesse aux humains font la guerre.
» Ici l'homme, affranchi des malheurs de la terre,
» Exempt de soins, d'ennuis, libre, heureux en tout tems,
» Jouit dans les plaisirs d'un éternel printems.
» Mais, qui distrait tes yeux et sur soi les attire?
» Sous ces myrthes fleuris tu reconnais Elvire;
» Oui, c'est elle, seigneur : vois comme en ce séjour
» Tout conspire à calmer son languissant amour.
» De cet asile saint l'aspect riant l'enchante;
» Elle y foule des prés l'herbe odoriférante :

» Et, roulant leur cristal, de limpides ruisseaux
» Lui présentent partout le miroir de leurs eaux.
» La main d'un Dieu suprême embellit ces rivages.
» Ces bois, ces bosquets verts, ces gracieux ombrages,
» Le vif émail des champs, le doux parfum des fleurs,
» Tout du ciel en ces lieux atteste les faveurs.
» Là règne ton Elvire : au sein de ces prairies,
» Elle aime à promener ses tendres rêveries.
» Elle y goûte un bonheur aussi constant que doux ;
» Elle attend que le ciel lui rende son époux.
» Ta place ici, seigneur, est marquée auprès d'elle :
» C'est là que t'est promise une gloire éternelle. »

Par ce songe éveillé, le monarque soudain
Ressent l'heureux effet d'un pouvoir souverain :
Il se calme ; et sa peine, alors moins expressive,
Concentrée en son cœur n'en devient que plus vive.
Mais il sait ce qu'il doit à lui-même, à son rang,
Et brûle de laver son affront dans le sang.

FIN DU CHANT SIXIÈME.

NOTES.

D'un sang cher à l'honneur leur milice formée....
(*Chant I.*)

La charité, en formant un établissement qui fut le berceau de l'Ordre le plus illustre (*des Chevaliers de Malte*), éleva à l'humanité un monument digne de notre admiration. Ecoutons M. l'abbé de Vertot dans l'extrait suivant, où cet historien remonte jusqu'à la première époque de la naissance de cet Ordre.

Depuis la mort du calif *Aaron Rasched*, un des plus puissans princes de l'Orient, comme les successeurs de Charlemagne n'égalèrent ni sa puissance ni sa haute réputation, les Français perdirent la considération qu'on avait pour eux dans la Palestine. On ne souffrit plus qu'ils eussent d'hospice dans Jérusalem; et quand ils avaient, comme les autres peuples de l'Europe, à prix d'argent, l'entrée de la *Sainte-Cité*, et que, pendant le jour, ils avaient fait leurs stations dans tous les endroits anciennement honorés par la présence et les mystères de notre Sauveur; ce n'était pas sans beaucoup de peine et de péril que, le soir et pendant la nuit, ils pouvaient trouver quelque retraite dans la ville. Les Musulmans avaient naturellement trop d'aversion des Chrétiens, pour les recevoir dans leurs maisons: et des disputes étant survenues au sujet de quelques dogmes mal entendus et de différens points de discipline entre l'église grecque et l'église latine, nos Chrétiens d'Europe n'étaient guère moins odieux aux Grecs qu'aux Arabes et aux Sarrasins de l'Orient.

Au milieu de l'onzième siècle, des marchands italiens qui

avaient éprouvé la dureté des uns et des autres, entreprirent de procurer aux pélerins de l'Europe, dans la même ville de Jérusalem, un asile où ils n'eussent rien à craindre, ni du faux zèle des Mahométans, ni de l'éloignement et de l'aversion des Grecs schismatiques. Ces pieux négocians étaient d'Amalphi, ville dans le royaume de Naples, mais qui reconnaissait encore la domination des Empereurs grecs de Constantinople. Les affaires qui concernaient le négoce de ces marchands, les conduisaient presque tous les ans en Egypte; et, à la faveur des riches marchandises et même des ouvrages curieux qu'ils apportaient de l'Europe, ils s'introduisirent à la cour du calif *Monstaserbillah*; et, en lui faisant ainsi qu'à ses ministres des présens considérables, ils en obtinrent pour les Chrétiens latins, la permission d'établir un hospice dans Jérusalem.

Le gouverneur, par ordre de ce prince, leur assigna une portion de terrain. On y bâtit aussitôt, sous le titre de la Sainte-Vierge, une chapelle qu'on appela *Sainte-Marie de la Latine*, pour la distinguer des églises où l'on faisait l'office divin selon le rit des Grecs : des religieux de l'Ordre de *Saint-Benoît* y célébraient l'office. On construisit, proche de leur couvent, deux hospices pour recevoir les pélerins de l'un et de l'autre sexe, sains et malades : ce qui était le principal objet de cet établissement; et chaque hospice eut dans la suite sa chapelle, l'une consacrée sous l'invocation de *Saint-Jean-l'Aumônier*, et l'autre dédiée en l'honneur de *Sainte-Madeleine*.

Des personnes séculières venues de l'Europe, et remplies de zèle et de charité, renoncèrent au retour dans leur patrie, et se dévouèrent dans cette sainte maison au service des pauvres et des pélerins. Les religieux dont nous venons de parler, faisaient subsister ces administrateurs; et les marchands d'Amalphi, avec les aumônes qu'ils recueillaient en Italie, et qu'ils apportaient ou qu'ils envoyaient tous les ans à la Terre-Sainte, fournissaient aux besoins des pélerins et des malades.

On remettait ce sacré dépôt de la charité et des fidèles entre les mains des personnes qui s'étaient consacrées, comme nous venons de le dire, au service des Chrétiens d'Occident. Cette sainte maison, qu'on doit regarder comme le berceau de l'Ordre de Saint-Jean, servit depuis d'asile et de retraite aux pélerins. Le Chrétien latin y était reçu et nourri sans distinction de nation ou de condition. On y revêtait ceux qui avaient été dépouillés par les brigands : les malades y étaient traités avec soin ; et chaque espèce de misère trouvait dans la charité de ces Hospitaliers une nouvelle espèce de miséricorde.

Cependant un établissement si pieux et si utile pensa être ruiné dès les premiers temps de son origine ; il y avait à peine dix-sept ans qu'il subsistait, lorsque les Turcomans conquirent la Palestine, surprirent la ville de Jérusalem, et taillèrent en pièces la garnison du calife d'Egypte. (Ce fut à cette occasion que, quelque temps après, les princes chrétiens se croisèrent pour aller délivrer la Sainte-Cité.)

Lorsqu'ils eurent mis le siége devant cette place, le gouverneur fit enfermer en différentes prisons les Chrétiens qui lui étaient suspects, et entr'autres l'administrateur de l'hôpital de Saint-Jean de Jérusalem. C'était un français appelé *Gérard*, né dans l'île de Martigues, en Provence, que le desir de visiter les Saints-Lieux avait conduit à Jérusalem, et qui, après avoir été témoin de la charité qui s'exerçait dans l'hôpital de Saint-Jean, touché d'un si grand exemple, s'était dévoué depuis long-temps au service des pélerins, en même temps qu'une dame romaine, d'une illustre naissance, nommée *Agnès*, gouvernait la maison destinée à recevoir les personnes de son sexe. Tous les pélerins étaient admis dans l'hôpital de Saint-Jean, sans distinction du Grec ou du Latin ; les Infidèles même y recevaient l'aumône, et tous les habitans, de quelque religion qu'ils fussent, ne regardaient l'administrateur de l'hôpital que comme le père commun de tous les pauvres de la ville. Ce fut cette estime générale, et la crainte qu'il ne s'en servît en faveur des assiégeans, qui portèrent le gouverneur à le faire arrêter.

Quelques jours après que Jérusalem fût tombée au pouvoir des Croisés, *Godefroi*, leur chef, visita la maison hospitalière de Saint-Jean. Il y fut reçu par le pieux *Gérard* et par les autres administrateurs ses confrères, et il y trouva un grand nombre de Croisés qui avaient été blessés pendant le siége, et qu'on y avait portés après la prise de cette place. Tous se louaient également de la grande charité de nos Hospitaliers, qui n'épargnaient aucuns soins pour leur soulagement.

Plusieurs jeunes gentilshommes qui venaient d'en faire une heureuse expérience, renoncèrent au retour dans leur patrie, et se consacrèrent dans la maison de Saint Jean au service des pauvres et des pélerins. On compte parmi ces illustres Croisés qui prirent l'habit des Hospitaliers, *Raimond Dupuy*, de la provinces de Dauphiné, *Dudon de Comps*, de la même province, *Gastus* ou *Castus*, dont on ignore la patrie, *Conon de Montaigu*, de la province d'Auvergne, et beaucoup d'autres.

Quoique *Godefroi* perdît dans ces gentilshommes des guerriers dont il avait tiré de grands services, il ne laissa pas d'en voir le changement avec joie, et peut-être même avec une pieuse envie. Mais si l'intérêt et la conservation de Jérusalem le retinrent à la tête de l'armée, il voulut au moins contribuer à l'entretien de la maison de *Saint-Jean*, et il y attacha la seigneurie de Montboire avec toutes ses dépendances, et qui faisait autrefois partie de son domaine dans le Brabant.

La plupart des princes et des seigneurs croisés suivirent son exemple. L'hôpital, en peu de temps, se trouva enrichi d'un grand nombre de terres et seigneuries, tant en Europe que dans la Palestine. C'était entre les mains du pieux *Gérard*, un dépôt sacré et un fonds certain pour le soulagement de tous les malheureux.

Bientôt, par les soins de cet administrateur, on vit s'élever un temple magnifique sous l'invocation de *Saint-Jean-Baptiste*, et dans un endroit qui, selon une ancienne tradition, avait servi de retraite à *Zacharie*, père de ce grand saint. On construisit proche de cette église, différens corps de logis et de vastes bâtimens, les uns pour l'habitation des Hospitaliers, d'autres pour recevoir les pélerins, ou pour retirer les pauvres et les malades. Les Hospitaliers traitaient les uns et les autres avec une égale charité : ils lavaient avec joie les pieds des pélerins, pansaient les plaies des blessés, servaient les malades, etc.

Le zèle des Hospitaliers n'était pas renfermé dans la ville et dans le territoire de Jérusalem ; le chef et le supérieur de cette Société naissante étendait ses soins jusque dans l'Occident. De ces biens qu'il tenait de la libéralité des princes chrétiens, il fonda des hôpitaux dans les principales provinces maritimes de l'Europe : et ces maisons, qui étaient comme des filles de celles de Jérusalem, et qu'on doit regarder comme les premières commanderies de cet Ordre, servaient à recueillir les pélerins qui se dévouaient pour le voyage de la Terre-Sainte.

Après la mort de *Godefroi* et de *Baudouin*, son frère, qui lui avait succédé dans le gouvernement de Jérusalem, les Hospitaliers perdirent le bienheureux *Gérard*, le père des pauvres et des pélerins. Cet homme vertueux, après être parvenu jusqu'à une extrême vieillesse, expira dans les bras de ses frères, presque sans maladie, et tomba, pour ainsi dire, comme un fruit mûr pour l'éternité. Les Hospitaliers s'assemblèrent pour lui donner un successeur, conformément à la bulle du pape Paschal II. Les suffrages ne furent point partagés : tous les vœux se réunirent en faveur de frère *Raimond Dupuy*.

Le bienheureux *Gérard*, en engageant les Hospitaliers au service des pauvres et des pélerins, s'était contenté, pour toute règle, de leur inspirer des sentimens de charité et d'humilité. Son successeur crut devoir y ajouter des statuts particuliers; et, de l'avis de tout le chapitre, il les dressa d'une manière qu'ils ne paraissent établis que pour procurer dans cette sainte maison, une plus sûre et plus étroite observance des vœux solennels de la religion.

Le nouveau grand-maître des Hospitaliers fit dessein d'ajouter à ces statuts et aux devoirs de l'hospitalité, l'obligation de prendre les armes pour la défense des Saints-Lieux, et il résolut de tirer de sa maison un corps militaire, et comme une croisade perpétuelle, soumise aux rois de Jérusalem, et qui fît une profession particulière de combattre les Infidèles.

Pour l'intelligence d'un fait si important à l'Ordre, il faut savoir que ce qu'on appelait en ce tems-là le royaume de Jérusalem, ne consistait que dans cette capitale et dans quelques autres villes, mais la plupart séparées par des places encore occupées par des Infidèles : en sorte que les Latins ne pouvaient passer de l'une à l'autre sans péril, ou sans de grosses escortes. Le territoire même des villes chrétiennes était encore habité par des paysans mahométans, qui regardant les Chrétiens comme les ennemis de leur religion, les assassinaient et les volaient, quand il pouvaient les surprendre avec avantage et sans être découverts. Les Latins n'étaient guères plus en sureté dans les bourgs et dans les places qui n'étaient pas fermées; des brigands y entraient de nuit, et en égorgeaient les habitans; et, ce qui était de plus fâcheux, c'est que ce petit Etat se voyait encore assiégé de tous côtés, soit par les Turcomans, soit par les Sarrasins d'Égypte, deux puissances redoutables, qui, sans agir de concert, n'avaient cependant pour objet que de chasser les Chrétiens de la Syrie et de la Palestine. Ainsi les Latins étaient obligés de soutenir une guerre presque continuelle: et quand l'hiver ne permettait pas aux armées de tenir la campagne, différens partis des Infidèles ne laissaient pas de pénétrer dans le pays : ils portaient le fer et le feu de tous côtés, massacraient les hommes et enlevaient les femmes et les enfans, dont ils faisaient des esclaves.

Le maître de l'hôpital, touché de ces malheurs, et se voyant à la tête d'un grand corps d'Hospitaliers, forma le plus noble dessein, et en même tems le plus extraordinaire, qui pût entrer dans l'esprit d'un religieux attaché par sa profession au service des pauvres et des malades. Dieu, qui avait inspiré à *Raimond* un si noble projet, lui avait donné toutes les qualités convenables pour le faire réussir, une naissance distinguée, des sentimens élevés, des vues étendues, et un zèle ardent, qui lui faisait souhaiter de pouvoir sacrifier sa vie pour sauver celle d'un Chrétien. Il se représentait à tous momens ce grand nombre d'habitans de la Palestine, surpris et égorgés par les Infidèles; d'autres qui gémissaient dans les fers; les femmes et les filles exposées à la brutalité des brigands, et les débauches de ces barbares, encore plus insupportables que leurs cruautés. De si tristes réflexions agitaient continuellement le grand-maître de l'hôpital : c'était le sujet le plus ordinaire de ses méditations ; il consultait tous les jours, aux pieds des autels, celui-même qui était l'auteur de ce pieux dessein. Enfin, pressé par une vocation particulière, il convoqua le chapitre, et proposa à ses confrères de reprendre, en qualité de soldats de Jésus-Christ, les armes que la plupart avaient quittées pour le servir dans la personne des pauvres, et dans l'hôpital de Saint-Jean.

Raimond ne devait sa place qu'à l'éclat de ses vertus : ses religieux regardèrent cette proposition comme une nouvelle preuve de son zèle ; et quoiqu'elle parût peu compatible avec leur premier engagement et les fonctions de l'hospitalité, le desir si louable de défendre les Saints-Lieux les fit passer par-dessus les difficultés qui se pourraient trouver dans l'exercice de deux professions si différentes. Les Hospitaliers, la plupart compagnons ou soldats de *Godefroi*, reprirent généreusement les armes, avec la permission du patriarche : mais on convint de ne les employer jamais que contre les infidèles; et il fut résolu que, sans abandonner leurs premiers engagemens et le soin des pauvres et des malades, une partie de ces religieux monterait à cheval, quand il s'agirait de s'opposer aux incursions des Infidèles. L'Ordre même se trouva dès-lors assez riche et assez puissant pour pouvoir, dans les occasions pressantes, prendre des troupes à sa solde ; et ce fut depuis par ce secours, que les Hospitaliers soutinrent, avec tant de courage, le trône chancelant des rois de Jérusalem.

On prétend que *Raimond*, ayant amené ses confrères dans ses vues, fit dès-lors trois classes de tout le corps des Hospitaliers. On mit dans la première ceux qui, par leur naissance et le rang qu'ils avaient tenu autrefois dans les armées, étaient destinés à porter les armes : on fit une seconde classe des prêtres et des chapelains qui, outre les fonctions ordinaires attachées à leur caractère, soit dans l'église où auprès des malades, seraient encore obligés, chacun à leur tour, de servir d'aumôniers à la guerre ; et à l'égard de ceux qui n'étaient ni de maison noble ni ecclésiastiques, on les appelait *frères servans.* Ils eurent, en cette qualité, des emplois où ils étaient occupés par les Chevaliers, soit auprès des malades, soit dans les armées; et ils furent distingués dans la suite par une cotte d'armes de différente couleur de celle des Chevaliers, etc.

Comme ce nouvel Ordre s'était extrêmement multiplié en peu de temps, et que la plupart de la jeune noblesse accourait des différentes contrées de l'Europe pour s'enrôler sous ses enseignes, par une nouvelle division, et suivant le pays et la nation de chaque Chevalier, on les sépara en sept langues, savoir : *Provence*, *Auvergne*, *France*, *Italie*, *Arragon*, *Allemagne et Angleterre*, etc.

Telle fut l'origine d'un Ordre hospitalier, devenu militaire, et depuis souverain; que la charité fit naître, que le zèle de défendre les Lieux-Saints arma ensuite contre les Infidèles, et qui, dans le tumulte des armes et au milieu d'une guerre continuelle, sut allier les vertus paisibles de la religion avec la plus haute valeur dans les combats. »

Après la perte de la Terre-Sainte et celle de l'île de Rhodes, où cet Ordre s'était réfugié, les Chevaliers se retirèrent à Malte, dont ils furent mis en possession par l'empereur Charles-Quint. C'est dans cette île qu'ils eurent à soutenir un siége meurtrier contre toutes les forces de *Soliman*.

Elle régnait dans Malte, et long-tems sur les eaux
De l'Europe chrétienne assura le repos.

Malte, en effet, par le zèle et le courage de ses Chevaliers, fut long-temps le boulevart de l'Europe contre les entreprises des sultans. L'établissement de ces religieux militaires dans cette île, est une des époques les plus brillantes de sa puissance. Elle devint la terreur des ennemis de la religion et le bouclier des peuples de la Chrétienté. Les Chevaliers qui croisaient sur les mers, veillaient sans cesse à sa défense : ils protégeaient les côtes de la Méditerranée contre les incursions des pirates barbaresques d'Alger et de Tripoli. Avant eux, combien de fois n'avoit on pas vu les malheureux habitans de ces côtes, surpris et égorgés par des corsaires féroces; leurs femmes et leurs filles violées; enlevées et vendues pour servir à la brutalité de ces barbares, et eux-mêmes traînés dans le plus dur esclavage?

Ces excès renouvellés de nos jours, et qui dernièrement ont déterminé le gouvernement anglais à entreprendre le bombardement d'Alger, ne font que trop connaître combien il serait important que les Chevaliers de Malte fussent encore en possession d'une île, qui, en les rendant les maîtres des mers qui l'environnent, leur permettait d'y exercer une surveillance continuelle.

C'est dans cette île que ces illustres guerriers, dont le chef qui avait rang de souverain, était électif, formaient comme une république de braves toujours armés, tous distingués par leur naissance et leur intrépidité dans les combats. Enfin l'on peut dire avec raison, que leurs vertus religieuses, leurs travaux militaires, tant de haut faits qui ont immortalisé leur Ordre, ont donné la plus grande célébrité à l'île de Malte, quoique déjà renommée avant leur séjour dans cette île, comme on le verra par ce qui suit:

L'histoire de Malte, dans son origine, est mêlée de fables, comme celle de tous les autres pays. On prétend que d'abord cette île s'appellait *Hyperia*; que les Phéaciens et les Géans étaient ses premiers habitans, gouvernés par Nausithoüs, fils de Neptune et de Péribée, fille d'Eurymédon roi des Géans, et que les Phéaciens chassés par les Phéniciens, allèrent s'établir dans l'île de Corfou, alors appelée *Scheria*.

Cette fable doit son origine à deux passages d'Homère, liv. 6 et 7 de l'Odyssée et d'Apollonius, Argaunauticon, liv. 4. On prétend qu'après l'expulsion des Phéaciens, l'île changea de nom, et qu'elle s'appella *Ogygia*; que c'était là où demeurait Calypso qui retint Ulysse auprès d'elle. Cette opinion est appuyée sur ce qu'Homère, dans le livre 6 de l'Odyssée, en décrivant *Ogygia*, dit que c'est une île très-éloignée de la terre, et sur ce que le même poëte, Livre Ier de l'Odyssée, avait déjà dit que cette île était au centre de la mer. Tout cela convient parfaitement à Malte nommée *Pelagia*, parce qu'elle est située bien avant dans la mer, étant l'île la plus éloignée de la terre ferme, au centre de la méditerranée, raison pour laquelle on l'appellait *Umbilicus maris*.

Quoiqu'il en soit de cette opinion, il est incontestable que les Phéniciens établirent une colonie à Malte. Il était naturel que ce peuple, le plus commerçant de l'antiquité, affectionnât un lieu qui, par sa situation et la commodité de ses ports, offrait au commerce les plus grands avantages. On en voit la preuve dans Thucidide, livre 6, et dans Diodore de Sicile, Livre V, Chap IX.

Les Phéniciens avaient bâti proche le port nommé *Marsascirocco*, un temple magnifique dédié à Hercule, leur divinité favorite, appelé *Melcartos*, c'est-à-dire *Roi puissant*, selon Selden, ou *Roi de la ville de Tyr*, selon Bochart. Les ruines de ce temple sont encore existantes; on croit que c'est là qu'était la statue en marbre d'Hercule, que l'on voit encore aujourd'hui à Malte.

Il y a dans cette île plusieurs ruines d'édifices, qui étaient probablement l'ouvrage des Phéniciens. Sous leur domination, Malte fut très-florissante, au rapport de Diodore de Sicile, qui s'exprime ainsi:

« Nous décrirons à présent, l'une après l'autre, les îles placées des deux côtés de la Sicile. A son midi on en découvre trois, situées en pleine mer. Chacune d'elles a une ville et des ports, qui donnent une retraite sûre aux vaisseaux battus de la tempête. La première est l'île de Malte, éloignée de huit cents stades de Syracuse, et qui a plusieurs ports très-avantageux. Les habitans en sont très-riches. Ils s'appliquent à toutes sortes de métiers; mais sur-tout ils font un grand commerce de toiles extrêmement fines. Les maisons de cette île sont belles, ornées de toits qui débordent, et toutes enduites de plâtre. Les habitans de Malte sont une colonie de Phéniciens, qui, commerçant jusque dans l'Océan occidental, firent un entrepôt de cette île, que sa situation en pleine mer et la bonté de ses ports rendaient favorable pour eux. C'est aussi ce grand nombre de Marchands qu'on voit aborder tous les jours à Malte, qui a rendu ses habitans si riches et si célèbres. » (DIODORE DE SICILE, Liv. V, Chap. IX.)

Cette île reçut le nom de *Mélite* des Grecs, qui chassèrent les Phéniciens, la première année de la onzième olympiade, c'est-à-dire 735 ans avant l'Ère chrétienne. On lui donna ce nom à cause de la grande quantité d'abeilles qui s'y trouvent, et qui se nomment en grec Μέλισσα, et à cause de son excellent miel; ou peut-être à cause de la nymphe Mélite, fille de Nérée et de Doris, divinité marine, que les Grecs adoraient. Alors Malte étoit gouvernée par un sénat et deux archontes, comme il est prouvé par une inscription antique rapportée dans la collection des inscriptions anciennes de Smétius, qu'a fait imprimer Juste Lipse, en 1588, page 71.

Les Carthaginois possédèrent aussi Malte pendant un certain espace de temps. On y a trouvé plusieurs médailles puniques d'or. Ce furent les Carthaginois qui bâtirent le temple de Junon entre la ville victorieuse et le château Saint-Ange : Cicéron en parle avec éloge dans sa quatrième Verrine : les ruines de ce temple existaient encore en 1533, comme l'assure Quintinus, témoin occulaire.

Les Carthaginois furent chassés de cette île par les Romains, sous le commandement d'Attilius Régulus, l'an de Rome 484. Peu de temps après, ils la reprirent, et ils furent de nouveau expulsés par les Romains, qui avaient à leur tête Titus Simpronius, consul. Malte devint alors très florissante : outre un grand nombre de temples magnifiques, elle avait un superbe théâtre tout en marbre, dédié à Apollon, dont les ruines existent encore. Il y avait aussi des thermes publics proche du grand port, dans le site appelé *Marsa*.

Ce fut dans la suite un nommé Crestion, affranchi d'Auguste, qui rétablit avec des colonnes et des corniches de marbre, d'ordre corinthien, le temple de Proserpine, qui menaçait ruine, comme on le voit par une inscription que l'on conserve à Malte.

A la même époque, il y avait dans cette île nombre de personnages riches et de considération. Cicéron recommande à un certain roi, Aulus Licinius Aristote, Maltais, qu'il dit être son hôte depuis bien des années, et pour cela uni avec lui de la plus étroite amitié. Dans sa 5e Verrine, il parle de Diodore, personnage maltais, noble et très-recommandable par ses vertus.

Les spoliations de Verrès s'étendirent jusqu'à Malte. Il prit dans le temple de Junon plusieurs dents d'ivoire d'une grandeur extraordinaire, et plusieurs ornemens de même matière, sur lesquels étaient gravées, avec la plus grande perfection, certaines victoires. Il essaya aussi de voler deux vases d'argent, supérieurement ciselés par Mentor, ouvrier très-célèbre, lesquels appartenaient à ce Diodore, dont on vient de parler. Mais ce dernier sut adroitement les soustraire à sa rapacité.

On conservait à Malte beaucoup de monumens antiques; on y voyait, en marbre, une statue d'Hercule, couronné de peuplier, et se reposant sur sa massue, qui était dans l'ancien temple dédié à cette divinité, ensuite deux statues brisées représentant Junon, ect.; un beau buste d'Antinoüs; une louve allaitant Romulus et Rémus; une tête d'Auguste; un piédestal qui appartenait à la statue de Proserpine, et sur lequel est en bas-relief, une tête d'homme de laquelle sortent comme autant de rayons, trois cuisses et trois pieds : la tête figure le mont Etna, et les trois jambes sont l'emblème des trois promontoires de la Sicile. Il y avait aussi un autre piédestal extrêmement antique, avec des caractères phéniciens, il est joint à un obélisque rond, environné de feuilles d'achante; en outre un marbre rond antique, de dix pouces trois lignes de diamètre, et onze lignes d'épaisseur, où d'un côté est sculpté un griffon, et de l'autre un masque de théâtre.

On montrait encore trois bas-reliefs, un avec deux figures de femme, dont l'une représente Julie fille de Cicéron, et l'autre Claudia fille de Métellus, qui est la fameuse Lesbie, si célébrée par le poëte Catulle : le second bas-relief est le portrait de Penthésilée, reine des Amazones, et le dernier celui de Zénobie, reine de Palmyre.

Enfin il existe une grande quantité d'inscriptions antiques et de fragmens, en marbre, de colonnes, de chapiteaux, etc., etc., qui ont été trouvés à Malte; on y conservait de superbes vases étrusques, avec leur couvercle, des lampes et lacrymatoires, des vases de forme remarquable avec des caractères phéniciens, un grand nombre de médailles phéniciennes et carthaginoises, grecques et romaines, d'or, d'argent et de cuivre.

Malte possédait aussi plusieurs ouvrages distingués des temps modernes, tels qu'une statue en marbre de Saint-Paul, du chevalier Bernini, un groupe pareillement en marbre, représentant le baptême de Jésus-Christ par Saint-Jean, de Melchior Caffa, habile sculpteur maltais; des bustes et des statues, dont deux d'entr'elles représentent, l'une Neptune, et l'autre le grand-maître Manohel.

On voyoit également à Malte beaucoup d'excellentes peintures. Les plus remarquables sont un grand tableau de la décolation de Saint-Jean-Baptiste, de Michel-Ange *Caravaggio ;* deux autres de pareille grandeur, l'un représentant la Madeleine, et l'autre Saint-Jérôme, du même *Caravaggio ;* le portrait du grand-maître Alof Wignancourt, du même auteur ; un sauveur du *Guido Rheni ;* une vierge du *Trevisano ;* une autre du *Conca ;* un très-beau portrait d'un secrétaire du trésor, du même auteur ; un Christ *d'Albert-Dure ;* la mort d'Abel par *l'Espagnolet ;* la conversion de Saint-Paul, par *Joseph d'Arpino ;* enfin une grande quantité de beaux tableaux peints par *Mathias Preti*, dit le Calabrois. Ce célèbre artiste qui vécut long-tems et mourut à Malte, a peint la voûte de l'église de Saint-Jean, où il a représenté les traits principaux de la vie de ce saint ; c'est un ouvrage admirable : c'est dans cette église qu'il faut voir ce peintre pour le juger.

La bibliothèque était considérable et bien choisie. On y trouvait les meilleurs ouvrages de science et de littérature dans les principales langues de l'Europe. Elle était composée d'environ quatre-vingt-dix mille volumes ; il y avait quelques éditions rares et magnifiques, mais très-peu de manuscrits. Parmi ces manuscrits se trouvaient quelques originaux arabes, très-curieux, etc., etc.

Lorsque Malte était encore sous la domination romaine, Saint-Paul y fit naufrage, et y apporta la religion chrétienne. Ce fut vers l'endroit de l'île, qui est opposé à la Sicile, dans une cale appelée de son nom, *cale Saint-Paul*, que le vaisseau qui portait à Rome ce saint prisonnier, fut jeté par la tempête.

Les Goths sous la conduite de Théodoric, leur roi, s'emparèrent de Malte, mais il en furent chassés soixante ans après, par l'armée de l'empereur Justinien, ayant à sa tête le célèbre Bélisaire, qui s'y rendit avant son expédition d'Afrique.

Les Sarrasins ou les Arabes sortis de l'Arabie pétrée, se rendirent maîtres de presque toute l'Afrique. Ceux qui s'établirent dans la partie orientale, aprés y avoir bâti la ville de Carican, projétèrent la conquête de la Sicile et de Malte. Ils réussirent dans leur entreprise, et l'an 828 ils occupèrent ces deux îles : peu de temps après, ils bâtirent à Malte le château Saint-Ange, principale forteresse de l'île.

Le comte Roger de Normandie, après avoir pris la Calabre et la Sicile, fit la conquête de Malte en 1089. Il dota très-richement la cathédrale, ainsi que l'évêché, et fonda un grand nombre de canonicats. Les descendans de Roger furent souverains de cette île, jusqu'à-ce que, par les menées de quelques papes, elle passa à la maison de Suabe.

L'an 1266, la Sicile et Malte furent soumises aux français commandés par Charles, duc d'Anjou, frère de Louis IX, qui s'étant défait de Manfrède, dernier rejeton de la maison de Suabe, devint maître de ces deux îles. En 1283, les Siciliens firent cette horrible boucherie de tous les Français, appelée *Vêpres siciliennes*, et les Siciliens se soumirent d'eux-mêmes à Pierre, roi d'Aragon.

Il est à remarquer que les Maltais ne voulurent jamais se prêter à ce massacre abominable, quoiqu'à cette époque Malte dépendît en tout du destin politique de la Sicile, et quoique Jean de Procida, auteur de la conjuration, se fût rendu à Malte pour cet effet. Les Maltais, affectionnés aux Français, et pleins d'horreur pour un attentat si atroce, ne voulurent point tremper leurs mains dans leur sang; ils leur restèrent fidèles, jusqu'à ce que, contraints par la force, ils furent obligés d'obéir aux Arragonais. Ils eurent beaucoup à souffrir sous la domination de ces derniers, attendu que souvent on les abandonnait à la puissance de quelques seigneurs de la cour de Sicile, qui les gouvernaient avec la plus grande tyrannie.

L'an 1425, l'île fut engagée par le roi Alphonse, à dom Consalve Monroy, pour la somme de trente mille florins d'or d'Arragon; et, moyennant cette somme, Monroy devint le tyran de l'île. Mais les Maltais, fatigués à la fin des vexations de leur nouveau maître, avancèrent au roi Alphonse les trente mille florins pour dégager Malte, à condition qu'elle serait réunie à perpétuité au domaine royal, ainsi que les villes de Palerme, de Messine et de Catane.

Le roi accepta avec plaisir ces offres généreuses, et par un diplôme signé à Valence, le 20 juin 1428, il s'obligea solemnellement, lui et ses successeurs, à conserver Malte réunie au domaine royal, sans pouvoir jamais l'aliéner; et il délia les Maltais du serment de fidélité, au cas que lui ou ses successeurs vînssent à disposer de cette île.

L'Empereur Charles-Quint, successeur d'Alphonse, aliéna Malte en faveurdu grand-maître, Villiers de l'île Adam, et de l'Ordre de Saint-Jean de Jérusalem, auxquelsil en fit donation, le 20 mai 1530, après la prise de Rhodes par Soliman II.

Sous la puissance des Chevaliers, Malte jouit d'un gouvernement paternel: leur Ordre, par une sage administration, accrut les ressources de l'île, en y faisant entrer une grande quantité de numéraire provenant des biens qu'il possédait dans les divers Etats catholiques de l'Europe: aussi faut-il convenir que cette île devint par la suite beaucoup plus florissante qu'elle n'était en 1530, époque où l'Ordre en prit possession.

On terminera cet article par quelques remarques sur le caractère et les qualités des habitans de Malte. Ils sont sobres, courageux, robustes, agiles, très-laborieux et assez industrieux. Ce sont, sans contredit, les meilleurs matelots de l'Europe : dans les courses qu'ils font, ils déploient avec avantage leur courage et leur habileté. Avec de frêles bâtimens, ils osaient pénétrer jusqu'à l'entrée des Dardanelles, pour y braver la puissance ottemane : tout le monde sait que les Turcs méprisaient les corsaires des autres pays, et ne redoutaient que les Maltais.

Leur adresse, dans le service de l'artillerie, est généralement connue. On peut voir ce qu'en dit Mayer, dans son écrit intitulé : *Considérations politiques et commerciales sur l'Ordre de Malte :* « Les canonniers maltais sont les meilleurs que l'on connaisse ; c'est en partie à leur adresse que les vaisseaux de l'Ordre doivent leurs succès dans les combats. Il est rare qu'à la seconde bordée, les mâts du vaisseau ennemi ne viennent en bas, et que celui-ci ne perde son gouvernail, pour peu qu'il soit en prise. »

Au séjour de la Mecque où vainqueur de Zopire...

Ce Zopire, dit Voltaire, était un sheik ou shérif, que l'on qualifiera ici, avec plus de raison, du titre de coreishite, qui veut dire chef ou gouverneur de la Mecque ; cet homme puissant était l'ennemi déclaré de Mahomet. Quant à ce dernier, que de fables n'a-t-on pas débitées sur son compte, depuis sa naissance jusqu'à sa mort ?

On convient généralement que Mahomet naquit dans la pauvreté ; qu'il fut abandonné jusqu'à l'âge de six ans aux soins d'une étrangère nommée *Hélimah*, et que l'éducation qu'il reçut chez elle fut extrêmement simple.

Une histoire de sa vie dit en propres termes que, dès qu'il

put marcher, cette femme l'envoyait tout nud avec les autres enfans du lieu, à la suite des troupeaux communs du village, portant avec lui le peu de nourriture dont il avait besoin pour quelques jours : il couchait et vivait à l'air comme les autres enfans, sans aucune distinction, selon l'usage pratiqué en Arabie, où on les accoutume, dès cet âge tendre, à supporter la chaleur sur la terre, et à se contenter d'une très-légère nourriture.

Un jour que le petit Mahomet, âgé d'environ quatre à cinq ans, était à la pâture des troupeaux, Hélimah, dormant sur sa natte dans sa hutte ordinaire, rêva que deux hommes inconnus s'étant saisis de cet enfant, lui ouvraient le ventre et en arrachaient le cœur. Elle fut effrayée et tourmentée par son inquiétude. Toutefois s'étant rassurée, comme on peut le faire au sujet d'une chimère conçue dans le sommeil, elle n'y pensait plus, quand le jour venu, elle apprit par la fuite de quelques enfans, revenus du troupeau pleins de terreur et de crainte, qu'il était arrivé quelque chose d'extraordinaire à son nourrisson. Cette nouvelle l'engagea à se rendre elle-même dès le lendemain au troupeau, où elle trouva le petit Mahomet en bonne santé. Cependant elle apprit des hommes qui gardaient les troupeaux, et des enfans qui étaient restés, que Mahomet avait été véritablement enlevé par des inconnus sur la montagne voisine, et que les enfans qui l'avaient suivi de loin, lui avaient vu ouvrir le ventre avec un couteau brillant comme du feu : ce qui leur avait fait une si grande peur, que les uns étaient retournés au village, et les autres avaient regagné le troupeau avec toute la vitesse possible.

Cette femme interrogea Mahomet lui-même sur ce qui lui était arrivé, et apprit de lui, quoiqu'avec beaucoup de peine, parce qu'il ne voulait rien dire, que les hommes qui l'avaient pris, lui avaient dit qu'ils étaient des anges envoyés pour lui ôter la racine du mal ; qu'à l'instant ils l'avaient couché sur le dos, lui avaient fendu l'estomac avec un couteau de feu, et qu'ayant pris son cœur, l'un des deux l'avait tant pressé qu'il en était sorti quelques goûtes noires; qu'ensuite ils l'avaient lavé de neige, et pesé dans une balance, d'abord contre dix autres cœurs, et ensuite contre cent, et qu'il s'était trouvé plus pesant : que cela fait, ils avaient remis le cœur à sa place, et lui ayant refermé l'estomac, l'avaient redressé sur ses pieds; qu'il avait cru dormir pendant ce temps là : cependant qu'il voyait ce qu'ils faisaient, qu'il entendait leurs paroles, et qu'il y répondait quand elles s'adressaient à lui; qu'étant remis sur ses pieds, l'un des anges lui avait montré le ciel et la terre, en lui disant : regarde; c'est un Dieu qui a fait tout cela, ne veux-tu pas l'aimer et lui obéir ? qu'ils l'avaient ensuite renvoyé au troupeau, en lui commandant de ne point parler de ce qui s'était passé, et de se souvenir tous les jours de Dieu, quand il regarderait le ciel et la terre.

(Histoire des Arabes avec la vie de Mahomet, par M. le comte de Boulainvilliers).

Quoi qu'il en soit de ces fables, on ne peut disconvenir que la vie de Mahomet n'offre, dans les premiers temps de la prétendue mission de ce prophète, un tableau intéressant de conduite. Il fut persécuté par les ennemis que lui fit sa nouvelle doctrine : il ne leur opposa long-temps que la constance et une apparence de modération qui sut en imposer. Il fut humble, patient, animé d'un saint zèle : sa morale semblait n'avoir en vue que le salut des hommes. Il entraînait les cœurs par la persuasion, et, plus d'une fois, ses réponses confondirent ceux qui avaient entrepris de le convaincre d'erreur. En un mot, il se montrait comme l'apôtre envoyé du ciel pour éclairer ses concitoyens, et les amener à un culte raisonnable. Alors il employait la voie de la douceur; il ne faisait valoir que la force de ses dogmes contre celle de l'oppression à laquelle il était en butte. Mais dès qu'une fois il eut pris les armes, qu'il eut arboré l'étendart des conquérans, il ne fit plus voir en lui qu'un homme cruel, ambitieux, qui, sous le vain prétexte de sa religion, prétendait asservir les peuples, plutôt que les diriger par des instructions utiles à leur bonheur. Sa doctrine se répandit avec la terreur de son nom; mais dans le cours rapide de ses victoires, les violences qu'il exerça, firent détester tout ensemble dans sa personne, et l'homme conquérant, et l'homme imposteur, honoré d'un titre qu'il dégradait.

A Médine elle vole...

On confond assez souvent Médine avec la Mecque, l'une et l'autre, villes de l'Arabie, parce que la Mecque où est né Mahomet, est généralement plus connue, et que toutes deux sont les siéges de la religion et de l'Empire des premiers Musulmans. C'est pour cette raison que, dans le poëme, on a cité plus fréquemment la Mecque que Médine, dont le nom est moins familier à la plupart des lecteurs. D'ailleurs on a cru long-temps que Mahomet avait été inhumé à la Mecque. Médine est le lieu où le prétendu prophète arabe a reçu la sépulture. Elle s'appelait auparavant *Yatrib:* ce fut Mahomet qui, en s'y retirant dans le temps de ses persécutions, la nomma *Médina-al-nabi*, ville du prophète.

Cette ville est bâtie dans un pays plus fertile que celui de la Mecque. En tout temps elle attire un grand concours de Mahométans qui y font, par devoir, de fréquens pélerinages. La mosquée où est le tombeau du prophète, a, dit-on, mille pas de longueur sur huit cents de largeur; elle est soutenue par quatre cents colonnes toutes blanches. Au bout de cette mosquée est une tour voûtée, tapissée de soie, et où il y a un lieu profond qui est le sanctuaire où repose le corps de Mahomet, autour duquel brûlent tous les jours jusqu'à trois mille lampes à la fois.

Si les pompeux honneurs qu'on te rend à Byzance...

Byzance, ville maritime de Thrace, a changé son nom en celui de Constantinople, cité puissante, qui fut élevée dans son emplacement même. Cette ville célèbre, l'est également comme ancienne et moderne. Suivant quelques historiens, elle fut fondée, sous le nom de *Byzance*, par les Mégariens, peuple de la Grèce, et, selon Eusèbe, par Pausanias, roi de Sparte, l'an 663 avant l'ère chrétienne. Bâtie sur un promontoire dont la forme est à peu près triangulaire, elle offre la situation la plus heureuse et la plus imposante. A droite elle a pour horizon la mer qu'on appelle *Propontide*, en face un canal étroit, au-delà duquel étaient autrefois les villes de Chalcédoine et de Chrysopolis. Elle est environnée de la mer de trois côtés, au nord, de la mer majeure, au midi, de l'Archipel, et à l'orient, du Bosphore, canal qui la sépare de l'Asie.

Dans les premiers temps de sa fondation, une citadelle occupait la pointe du promontoire : les murs qui entouraient la ville, étaient plus élevés du côté de la terre, et beaucoup moins des autres côtés, parce qu'ils étaient naturellement défendus par la violence des flots, et en certains endroits par des rochers sur lesquels ils étaient construits, et qui avancent dans la mer. Cette ville était alors célèbre par son commerce; elle était continuellement remplie de négocians; son port, à l'abri des tempêtes, y attirait les vaisseaux de tous les peuples de la Grèce.

Byzance, ayant été ruinée par l'Empereur Sévère, fut rétablie et embellie, environ cent six ans après, par Constantin-le-Grand, qui en fit le siége de l'Empire pour lui et ses successeurs. Elle fut nommée *Constantinople*, du nom de ce prince, qui l'enrichit avec tant de soin et de préférence, qu'il dépouilla les autres villes de ce qu'elles avaient de plus beau pour l'en décorer. Il y fit élever sept montagnes; il y bâtit un capitole, un cirque, un amphithéâtre, des marchés, des portiques et d'autres édifices publics, sur le modèle de ceux qui étaient dans l'ancienne Rome : de sorte qu'elle porta avec raison le nom de *Nouvelle Rome*, conformément à l'ordonnance qu'il en fit publier. Il y créa un sénat, y attira, par ses libéralités, de tous les pays de l'univers, des hommes du plus grand mérite; il y édifia de belles églises qu'il dota magnifiquement; il y établit des académies pour enseigner les sciences, et voulut que les chaires fussent dignement occupées par des savans qu'il fit venir exprès. Il forma aussi une bibliothèque qu'il remplit d'un grand nombre de volumes, et que ses successeurs augmentèrent ensuite considérablement.

Constantin avait divisé cette Nouvelle Rome comme l'ancienne, en quatorze régions ou quartiers. La forteresse qui commandait à l'entrée du port, était dans le premier quartier à l'endroit où est aujourd'hui le Sérail : on y voyait aussi le phare, l'arsenal, les thermes d'Arcadius, la galerie de Justinien, etc. Le temple de Sainte-Sophie, la merveille du monde; le palais du sénat et les bains Zeuzippe étaient dans le second quartier. L'hipodrome ou le grand cirque, l'église de Sainte-Euphémie et le palais de Pulchérie étaient dans le troisième. Le quatrième comprenait la place impériale, entourée d'un double rang de colonnes, le grand palais de Constantin, le milliaire d'or où commençaient tous les chemins, etc. Dans le cinquième et le sixième, on voyait la place de Théodose avec le grand obélisque de Thèbes en Egypte, et celle du grand Constantin, au milieu de laquelle il fit ériger cette célèbre colonne de porphyre, sur laquelle était sa statue faite d'un colosse d'Apollon, transporté d'Athènes à Constantinople. L'église de Sainte-Anastasie et la colonne de Théodose-le-Grand étaient dans le septième quartier, où est aujourd'hui la place dite *le Bezestan*. Le huitième contenait la basilique théodosienne et le palais du capitole. Les thermes anasthasiens et le palais d'Arcadius étaient dans le neuvième. On voyait dans le dixième les bains de Constantin, le palais de l'impératrice Eudoxe et l'église du saint martyr Acacius. Dans le onzième on remarquait le temple des apôtres, bâti par Constantin et rétabli par Justinien, où étaient les tombeaux des Empereurs, et sur les ruines duquel Mahomet II fit bâtir cette superbe mosquée, qui porte son nom. La colonne et la statue d'Arcadius, qui étaient placées sur le mont Xerosophus, et qui furent renversées sous le règne de Léon l'Isaurien, étaient dans le douzième. Le trezième était au-delà du golfe où est Galata, autrefois la ville Justinienne. Enfin le quatorzième comprenait les faubourgs.

Tant de richesses, tant de monumens superbes ont été détruits, à différentes époques, par les guerres, les tremblemens de terre, les embrâsemens fréquens, que Constantinople n'a pour ainsi dire cessé d'éprouver depuis sa fondation. L'irruption des Barbares et plusieurs autres calamités, telles que la peste, la famine, les guerres civiles, y ont porté en d'autres temps la désolation et le désastre; ce qui est cause qu'aujourd'hui cette ville n'offre presque plus que les beautés locales qui ont toujours fait admirer sa situation. Son grand bassin forme le plus beau port du monde. C'est autour de ce bassin que l'on voit Constantinople au midi et au couchant; Galata et les deux bourgs de Fondulki et Tophana au nord, et la ville de Scutari au levant; ce qui présente aux yeux le plus magnifique spectacle qu'on puisse s'imaginer, tous les édifices de ces environs étant bâtis sur des éminences en forme d'amphithéâtre : de sorte qu'on découvre le tout d'un coup d'œil. Le mélange des cyprès et des maisons de bois peint, avec les dômes des mosquées qui sont sur les lieux les plus élevés, contribuent beaucoup à ce merveilleux aspect.

Mais la ville, dans son intérieur, laisse à regretter bien des merveilles qui y existaient du temps de ses premiers Empereurs. Cependant on y voit encore des bâtimens vastes et magnifiques, entr'autres le Sérail, séjour du grand seigneur; l'église Sainte-Sophie, qui est actuellement une superbe mosquée, le palais du Grand Constantin, l'hipodrome, etc. Cette ville fut pendant un certain temps la demeure des Empereurs d'Orient après la division de l'Empire. Enfin Mahomet II la prit sur Constantin Second, l'an 1453, et 1121 ans après qu'elle eut été rebâtie par Constantin-le-Grand : elle fut choisie pour la résidence des Empereurs Ottomans. Son circuit est, dit-on, de seize milles, ce qui fait environ six à sept lieues de notre pays.

Constantinople, jadis la capitale de l'Empire d'Orient, était aussi le centre des sciences, des lettres, et le siége de l'église. Cette ville a produit plusieurs grands personnages, Gennadius, Cassian, Saint-Jean-Chrisostôme, son archevêque, et quelques autres. Les Turcs l'ont nommée depuis *Stamboul*.

Hascen, Dragut aussi, les plus fiers des humains...

Hascen, jeune turc, gendre et ami de Dragut, était vice-roi d'Alger : il avait amené avec lui, au siége de Malte, deux mille cinq cents hommes, tous vieux soldats, d'une valeur déterminée, et qu'on appelait communément les *Braves d'Alger*. Son amitié pour Dragut était sans bornes; et quoique naturellement prudent, il savait, dans le besoin, allier l'audace au courage le plus décidé.

Dragut, chef de tous les corsaires de Barbarie, et qui avait succédé à Barberousse dans cet emploi, ne fut d'abord occupé que du dessein de chasser les Chevaliers des côtes d'Afrique, dont ils étaient alors en possession.

Il était né dans un petit village de la Natolie, situé vis-à-vis l'île de Rhodes. Son père et sa mère étaient mahométans, gens pauvres, et qui ne subsistaient que de la culture des terres et du travail de leurs mains. Cette vie obscure et pénible ne convenait pas à l'humeur vive et inquiète du jeune Dragut; il prit parti dès l'âge de douze ans avec un officier d'artillerie, qui servait sur les galères du grand-seigneur. D'abord mousse, et simple matelot, ensuite pilote, et depuis à l'école de son patron il devint excellent canonier. Pendant plusieurs années, il servit en cette qualité sur différens vaisseaux; et ayant fait quelque gain, il parvint à être de part dans un brigantin de corsaire. Il eut bientôt à lui seul une galiote, avec laquelle il fit des prises considérables. Il grossit ensuite son armement, et se fit redouter dans tout le Levant. Parmi les Musulmans, il n'y avait point de pilote qui eût une connaissance si parfaite des îles, des ports et des rades de la Méditerranée.

Barberousse, grand amiral de l'Empire ottoman, instruit de sa valeur et sur-tout de sa capacité dans la conduite des vaisseaux, fut ravi de pouvoir s'attacher un homme de ce mérite. Pendant plusieurs années il le chargea de différentes expéditions, dont il s'acquitta à la satisfaction de son général, et avec un entier succès. Barberousse, après l'avoir fait passer par tous les dégrés de la milice, en fit son lieutenant, et lui donna le commandement d'une escadre de douze galères.

Malgré son courage et la fortune qui le suivait partout, il fut pris le long des côtes de l'île de Corse, par Jannetin Doria, neveu du fameux amiral André Doria. Obligé avec ce qu'il avait alors de galères, de se remettre au pouvoir du général chrétien, on le fit passer avec ses officiers sur la Capitane, à la vue du jeune Doria qui n'avait pas encore de barbe. Ce corsaire outré de rage, s'écria : *Faut-il qu'à mon âge je me voie dans les fers d'un petit efféminé?* Les historiens du temps prétendent qu'il se servit même d'un terme bien plus offensant, que la pudeur ne permet pas de rapporter; et que Jannetin, irrité d'une injure si atroce, lui donna quelques gourmades, et le fit enchaîner. Il resta dans l'esclavage pendant quatre ans entiers; mais à la sollicitation des Génois, qui redoutaient les armes de Barberousse, il fut mis en liberté, et renvoyé avec des présens à l'amiral du sultan.

A la mort de Barberousse, Soliman ordonna à tous les corsaires de ses Etats de reconnaître Dragut pour général, mais sans le revêtir de la dignité d'amiral. Cependant il ne laissa pas de lui confier toute son autorité du côté du midi, et à l'égard des côtes d'Afrique.

Dragut par la suite se rendit maître de Tripoli: il en fit sa place d'armes et le siége de sa domination. Ce fameux corsaire n'ayant pu obtenir du sultan le titre de grand amiral de son Empire, dignité que Barberousse avait possédée, sous prétexte de zèle pour les intérêts de son maître, et de défendre les côtes d'Afrique contre les incursions des Chevaliers de Malte, s'était borné à la qualité de vice-roi ou gouverneur de Tripoli, mais dont, par l'éloignement où cette place était de la Porte, il s'était fait comme un petit Etat qu'il gouvernait avec une autorité presque absolue, quoique, pour se conserver la protection du grand-seigneur, il affectât une entière dépendance à ses ordres.

Malgré son ambition, il rendit de grands services à Soliman, qui prévenu d'estime pour son courage et sa capacité, le regardait comme l'ennemi déclaré des Chevaliers, et le plus grand homme de mer qu'il y eût alors dans son Empire: il fut également considéré de l'armée, et cher à tous les soldats qui combattirent avec lui au siége de Malte, où il fut tué. C'était, sans contredit, un capitaine d'une rare valeur, et même plus humain que ne le sont ordinairement les corsaires.

Le nom de Dragut rappelant ici celui de Barberousse, grand amiral de l'Empire, peut-être ne verra-t-on pas sans intérêt quelques particularités sur ce dernier.

Barberousse (Airadin), qui remplit les mers du bruit de sa renommée, était frère puiné de Horruc ou d'Horace Barberousse, tous deux fameux par leur fortune et par leur valeur.

Ces deux corsaires, quoique nés dans la lie du peuple de la ville de Metelin, n'avaient rien de la bassesse de leur naissance. Dès leur première jeunesse, et sitôt qu'ils purent porter les armes, ils firent éclater leur courage et leur ambition, et coururent ensemble les mers sur un seul brigantin, qui faisait toute leur fortune.

Une valeur si déterminée, d'heureux succès, des prises considérables, augmentèrent leur réputation et leurs forces. Ils achetèrent ou firent construire des vaisseaux et des galères, formèrent une petite flotte, et attirèrent depuis sous leurs enseignes, d'autres pirates qui les reconnurent pour leurs chefs et leurs généraux. L'ambition et les richesses ne séparèrent point les deux frères. Horruc plus âgé qu'Airadin, avait à la vérité le principal commandement; mais ce dernier en son absence, n'avait pas moins d'autorité : également braves, également cruels, corsaires déterminés, et qui se disaient amis de la mer, et ennemis de tous ceux qui navigeaint sur cet élément, ils attaquaient indifféremment les Musulmans comme les Chrétiens; et, en faisant le métier de voleur et de corsaire, ils apprirent insensiblement celui de conquérant.

Horruc se rendit maître d'Alger ; et pour mettre sa conquête sous une puissante protection, il en fit hommage à Soliman, Empereur des Turcs, et se fit son tributaire.

Airadin lui succéda au royaume d'Alger : il s'associa depuis avec deux fameux pirates qu'il fit ses lieutenans. L'un nommé comme lui *Airadin*, caramanien de naissance, et que sa fureur et sa cruauté avaient fait surnommer *Chasse-Diables*; l'autre corsaire, juif renégat, de la ville de Smirne, était connu sous le nom turc de *Sinna*. Ces trois corsaires étaient la terreur de toutes les côtes chrétiennes, et tenaient, pour ainsi dire, la Méditerranée sous leur empire.

Barberousse s'empara de Tunis; il fut fait depuis grand-amiral, et après diverses expéditions qui l'avaient fait redouter partout, il était retourné à Constantinople, où quoiqu'âgé de plus de quatre-vingt ans, il passait les jours et les nuits avec ses plus belles esclaves. Mais ayant poussé la débauche trop loin, on le trouva mort dans son lit de ces excès. Soliman sentit vivement sa perte, et nomma Dragut pour lui succéder. (D. V.)

La Valette, dont l'ame, exercée au malheur...
(*Chant II.*)

Ce héros, en effet, s'habitua de bonne heure à lutter contre l'adversité. Comme dit l'histoire, c'était un homme d'une fermeté supérieure aux événemens : une valeur naturelle lui avait inspiré sans effort une noble indifférence pour la vie ; il avait passé par toutes les charges de l'Ordre, dont il était devenu le chef et le prince ; et ce passage successif à de nouvelles dignités avait toujours été le témoignage et la récompense d'autant d'actions mémorables, qui l'avaient à la fin élevé à la dignité de grand-maître, égale à celle de souverain. Malte étant sur le point d'être assiégée, la principale ressource de l'île consistait dans la présence de ce chef, dont l'air tranquille, la contenance ferme et intrépide inspiraient une confiance sans bornes aux Chevaliers et aux soldats. Rien ne put les intimider alors; et son courage, en passant dans leur ame, y laissa une impression qui depuis les rendit invincibles.

On rapporte que, durant le siége, un ancien commandeur lui dit qu'il avait appris d'un transfuge, que Mustapha avait fait des sermens, s'il se rendait maître de l'île, de faire passer tousles Chevaliers par le fil de l'épée, et de n'en réserver que le seul grand-maître pour le présenter au grand-seigneur. « Je l'en empêcherai bien, répondit La Valette; et si ce siége, contre mes espérances, se terminait par un malheureux succès, je vous déclare, dit-il, en adressant la parole à tous les Chevaliers dont il était environné, que j'ai résolu dans cette extrémité, et plutôt qu'on voie jamais à Constantinople, moi vivant, un grand-maître chargé de chaînes, de prendre alors l'habit d'un simple soldat, de me jeter l'épée à la main dans les plus épais bataillons de nos ennemis, de m'y faire tuer, et de mourir avec mes enfans et mes frères. »

C'est ce jeune Ottoman, qui dans un sort contraire...
(*Chant III.*)

Piali, amiral turc. — Soliman, au retour de sa première campagne en Hongrie, après la prise de Bellegrade, le trouva au maillot exposé sur le soc d'une charrue, où apparemment sa mère effrayée par la marche de l'armée, l'avait abandonné. Le grand-seigneur qui prenait en chemin le plaisir de la chasse, se le fit apporter, et trouvant dans les traits de sa physionomie, quoique informe, quelque chose qui lui plut, il le fit élever avec soin: après l'avoir fait passer par tous les grades de la milice, il lui avait fait épouser une de ses petites filles. Il le choisit ensuite pour commandant de sa flotte, dans l'expédition contre Malte.

De la terre et des eaux cette immortelle reine...

On a fait de la Nature une divinité dont l'Amour est le fils. Ce sentiment poétique est celui de Lucrèce qui se sert du nom de Vénus, pour personnifier cette puissance génératrice qui vivifie l'univers. Tout ce qui existe se ressent de son influence;

et si les êtres qui peuplent le ciel, la terre et les eaux, n'ont cessé de se reproduire depuis le commencement du monde jusqu'à présent, c'est par un instinct, par un penchant naturel qu'on appelle communément amour. Cet ascendant sur les cœurs est éternel : on peut donc poétiquement dire que l'Amour est fils de la Nature.

Quelque pouvoir que l'on attribue à cette dernière, il n'est toujours que secondaire; et, comme il est dit dans le poëme, quand l'Eternel parle, la Nature tremble et obéit. Ce n'est donc qu'une divinité subordonnée à l'Être suprême, au Dieu de l'univers, par qui seul tout existe.

Ce fort dont vous voyez la masse redoutable...

L'énumération de la plûpart des troupes qui défendent l'île et des chefs qui les commandent, ne pouvait être amenée plus heureusement. Sans s'écarter beaucoup de l'histoire, elle a le double avantage de remplir une des conditions essentielles de l'épopée, qui est de faire connaître ses personnages, et d'être conforme en quelques points à la vérité des faits

Mais quel beau lieu, naguère asile du bonheur...
(*Chant IV.*)

Si l'on en croit quelques voyageurs et quelques écrivains qui leur servent d'échos, le climat de Malte est brûlant : on dirait que cette île est au cœur de la Lybie ou sous la zône torride, et qu'on ne peut l'habiter en été. Malte, selon eux, est un vaste rocher absolument stérile, au point que l'on y apporte de la Sicile la terre et l'eau. Si cela était vrai, comment cette île aurait-elle pu devenir autrefois si célèbre et si peuplée ?

Le climat y est tempéré, inclinant cependant vers une chaleur favorable aux vieillards et aux valétudinaires. Si dans quelques jours d'été il y fait extrêmement chaud, surtout quand le vent est-sud-est ou sud-ouest souffle, l'île n'ayant que peu de montagnes et étant environnée de mers de toutes parts, on y jouit, le jour et la nuit, de l'avantage des brises qui viennent rafraîchir l'atmosphère, et y porter un air pur, par le mouvement des flots. Au reste les chaleurs de l'été y sont bien compensées par l'extrême douceur de l'hiver. Il n'y gèle jamais, et dans le mois de janvier, on croit être au milieu du printemps.

Les voyageurs, en voyant le rivage méridional composé de hauts rochers, la roche dominer en quelques autres endroits, et l'île n'offrir que peu d'arbres de haute tige, l'ont qualifiée de rocher stérile, et, par exagération, ont inventé la fable du transport de la terre et de l'eau de la Sicile.

On ne lit dans aucun ancien auteur, que Malte ait jamais eu le nom de rocher ni l'épithète de stérile : au contraire, Ovide dit en parlant de cette île :

Fertilis est Melite sterili vicina Cosyræ.

Ovid. Fast. 6.

Tout concourt à montrer combien sont éloignés de la vérité les récits que l'on fait de la stérilité de Malte. Il faut convenir cependant que la roche nue qu'on découvre en quelques endroits, y produit par fois une vue désagréable ; mais en revanche, il y a, çà et là, un grand nombre de jardins, où sont des bocages d'orangers en pleine terre, qui donnent une verdure continuelle, même en hiver : la vue en est d'autant plus agréable, qu'ils sont chargés en même temps de fruits et de fleurs.

On ne laisse jamais reposer les terres; on les sème toutes les années, et chaque saison y donne un produit abondant. Le blé y pourrait être d'un rapport suffisant à la nourriture des habitans de l'île; mais la culture du coton étant plus lucrative, on la préfère à celle du froment que l'on se procure de la Sicile et, au besoin, de la Barbarie.

On cultive à Malte du coton de trois espèces, celui du *pays*, de *Siam*, et celui de couleur *canelle*, qu'on nomme des *Antilles*. Le coton est le principal produit de Malte; il y est très-bon et bien supérieur à celui du Levant.

Les légumes y sont excellens et les fruits délicieux. On en peut juger par les oranges, si estimées pour la couleur et pour le goût. Les raisins y sont exquis, et l'on pense qu'on pourrait en faire du vin qui ne le céderait en rien à celui de Chypre et à ceux des îles de l'Archipel. Les fleurs donnent à Malte une odeur plus agréable que partout ailleurs, surtout les roses dont les anciens faisaient un cas particulier. Cicéron reproche à Verrès de se faire porter, comme les rois de Bythinie, dans une litière, sur des coussins de roses de Malte.

Le miel, dans cette île, a une douceur et un goût délicieux: il est vanté par les meilleurs médecins, comme un excellent digestif. Les anciens en faisaient tant de cas, qu'ils le comparaient à celui du mont Hybla ou d'Hymette. Cicéron en parle comme d'un miel supérieur à celui des autres contrées, et c'est peut-être pour cette seule raison, que l'île avait pris le nom de *Melita*.

Il y a une grande quantité d'eaux vives, et l'on compte dans une île aussi peu étendue, plus de quatre-vingts fontaines qui donnent continuellement de l'eau, et en telle abondance, que, dans l'hiver, on en laisse la majeure partie se perdre dans la mer.

Les bestiaux de différentes espèces y sont d'un goût excellent, et la volaille y est très-commune. Les grues de Malte formaient un des mets recherchés sur la table des Lucullus et des Apicius. On y trouve beaucoup d'oiseaux de passage, et l'on y prend quantité de faucons. L'Ordre en envoyait en présent à toutes les Cours de l'Europe. Enfin Malte a tout ce qui est nécessaire à la vie : on se le procurait autrefois à très-bas prix.

Une chose particulière à l'île, c'est une race de petits chiens très-jolis et très-recherchés dans toute l'Europe, que l'on connaît sous le nom de *chiens de Malte*. Buffon les appelle *Bichons*. Ils jouissaient de la même célébrité du temps des Grecs et des Romains. Aristote dit qu'ils sont, dans leur petitesse, de la plus parfaite proportion. Timon nous peint les Sybarites allant au bain, suivis de petits chiens maltais.

Le principal port de Malte est partagé en deux par une péninsule ou langue de terre, sur laquelle est située la ville de la Valette. Rien de plus beau que la vue de l'intérieur du port, du côté du Levant : il offre un amphithéâtre composé de quatre villes, de trois forteresses, d'une infinité de bastions et de cinq baies sûres et commodes, pour recevoir nombre de vaisseaux.

La ville de la Valette a pris son nom du grand-maître qui s'appelait ainsi, et qui s'est à jamais rendu célèbre dans le siége de Malte : il a commencé à la bâtir en 1566. C'est maintenant la capitale de l'île. Ses principaux édifices sont l'égli e Saint-Jean, le palais du grand-maître, l'hôpital, la bibliothèque, les huit hôtels ou auberges des langues, c'est-à-dire, les demeures qui appartenaient aux nations dont l'Ordre était composé, les palais de justice, de l'université, les casernes, et quelques maisons magnifiques des Maltais. L'architecture en est admirable pour ces deux qualités, un goût exquis dans les formes des masses, et une noble simplicité dans les détails. Cependant les architectes de Malte ne vont étudier nulle part les modèles en ce genre.

De belles et larges rampes en pierre conduisent à de vastes rues bien droites et bien pavées. Elles sont tenues avec beaucoup de propreté; car les Maltais sont très-jaloux de cette qualité. Il y a dans la ville plusieurs fontaines dont l'eau se distribue par le moyen d'un grand aqueduc. Sur le rivage est un vaste môle où l'on va se promener pour y jouir de la vue du port et des bâtimens qui, chaque jour, arrivent de diverses parties de l'Europe.

Au nord-est de la ville, est le château Saint-Elme, construit en 1552. Les Turcs, dans le siége de 1565, s'en rendirent maîtres et le détruisirent; mais il a été depuis rétabli. De l'autre côté du fort, en face de la Valette, sont trois autres villes, l'une appelée *Vittoriosa*, qui existait avant l'arrivée des Chevaliers; l'autre la *Senglea*, et la troisième *Burmola*. Proche la *Vittoriosa* est le château Sant-Ange, construit en 827, au temps des Sarrasins. Ce château est la principale forteresse de l'île. Il est défendu autant par la nature que par l'art, et les Turcs ne purent jamais s'en emparer durant le siége.

Entre la *Vittoriosa* et le château Saint-Ange, était le fameux temple de Junon, dont les ruines existaient encore en 1530. On n'y voit plus aujourd'hui qu'un canal rempli d'eau. Au fond du port, dans un endroit appelé *Marsa*, on a découvert sur la fin du siècle dernier, les ruines des thermes construits au temps des Romains.

Il y a dans une baie, nommée *Il salvatore*, des jardins très-agréables, appartenant à des particuliers maltais, où l'on se rend pendant l'été pour y jouir de la fraîcheur de la mer. Du côté du couchant, le premier port qui se présente, est celui de Saint-Julien. On y voit aussi plusieurs jardins. C'est un endroit charmant, qui a l'avantage d'être à la proximité de la Valette. Plus loin, et près du port de Saint-Paul, est celui de la *Melleha*, ou salines anciennes. C'est, dit-on, aux environs de ce port qu'était la grotte où Calypso reçut Ulysse.

Au milieu de l'île est l'ancienne capitale. C'est une des plus anciennes villes de l'Europe; elle fut bâtie par les Phéniciens avant la superbe Carthage. Cicéron, Ptolomée et Diodore de Sicile en font mention. D'abord, elle portait le même nom que l'île, et s'appelait *Mélite*; ensuite les Arabes la nommèrent *Médina*, c'est-à-dire, la Ville. Aujourd'hui on l'appelle *Notabile*; nom qui lui fut donné par Alphonse, roi de Sicile, en 1428. On la nomme vulgairement la *Vieille-Ville*. Sous les Phéniciens, au rapport de Diodore, les habitations de la ville étaient magnifiques. Il y avait un temple d'Apollon, et auprès un théâtre en marbre; un autre temple dédié à Proserpine, et des bains publics. On y remarque, parmi nombre de beaux édifices, la cathédrale, qui est d'une belle architecture et richement ornée, le palais du souverain, l'hôtel-de-ville et le collége.

Dans les murs de la porte de la ville, est une ancienne statue de Junon; et de tous côtés on remarque, çà et là, des chapiteaux, des architraves, des colonnes et des inscriptions en marbre; ce sont des débris du théâtre antique dont on a parlé ci-dessus.

Il y a dans les faubourgs d'anciennes catacombes et cryptes souterraines, qui méritent l'attention des curieux, elles servaient non seulement de sépultures aux morts, mais encore d'habitations aux vivans, dans le temps que Malte était sous la tyrannie.

Dans le voisinage de la ville, est un lieu de plaisance qui appartint autrefois à un des grands-maîtres de l'Ordre, et qu'on appelle le *Boschetto*. Il offre un joli château qui domine sur un vallon planté d'orangers et de toutes sortes d'arbres, et embelli d'un grand nombre de fontaines et de jets d'eau : cet endroit est très-pittoresque.

L'île de Malte est divisée en deux parties presque égales, dont l'une, à l'est de la ville, dite *Cité notable* ou *Vieille-Ville*, est habitée, tandis que l'autre qui est à l'ouest, est déserte. Dans la première, outre les villes, on compte vingt-deux bourgs. Ces bourgs, en langue maltaise, s'appellent *Rachal*, mot phénicien, qui signifie *séjour*. Quelques-uns, par leur étendue, leur population, la grandeur des édifices et des rues, et la richesse des habitans, méritent le nom de villes. On est étonné en voyant la majesté, la belle architecture, les décorations, les marbres et les peintures de toutes les églises de ces villages. En aucune partie de l'Europe on ne trouve, dans les campagnes, des églises aussi somptueuses.

On rencontre des ruines d'édifices antiques, d'un caractère colossal, et les pierres qui entrent dans leur construction, sont d'une énorme grosseur : il est très-probable que ces édifices étaient l'ouvrage des Phéniciens. Il y a encore d'autres ruines d'édifices antiques, de meilleur goût et d'une architecture plus belle, qui sans doute se doivent attribuer aux Grecs, comme celles de *Bingemma* et du *Zurieco*.

Enfin on trouve à Malte, en certains vallons, des bocages et des rochers pittoresques, où l'on admire la nature dans toute sa beauté. Et ce qui est au-dessus de tout ce qu'on vient de dire, c'est la situation de cette place, qui semble avoir été destinée à être la clef du Levant et l'arbitre de la Méditerranée. Une preuve de l'importance de cette île, sont les moyens tentés par quelques puissances pour s'en procurer la possession.

L'Angleterre, après avoir perdu Minorque, en 1756, tourna secrètement toutes ses vues sur Malte, dont elle chercha à se procurer la possession pour étendre son commerce, et diminuer celui de la France. La Russie sur-tout manifesta le dessein de s'en emparer. Dès le règne de Pierrele-Grand, cette puissance prétendit à cette conquête. On sait que le projet favori de ce monarque était de reléguer les Turcs en Asie, et de transplanter sa cour, des glaces de Moskou, dans l'heureux climat de l'antique Bysance. Voulant accroître le commerce de ses États, il entreprit d'abord de percer des canaux pour ouvrir des communications faciles entre la mer Baltique, la mer Caspienne et le Pont-Euxin. Pour faciliter ces entreprises, il entrait dans ses vues de prendre Malte; mais la trop célèbre défaite de Pruth, en 1711, fit évanouir ses espérances : ce projet ne fut pas abandonné par ses successeurs. En 1770, l'amiral Spiritoff ayant fait voir à Catherine II les avantages qu'on retirerait de cette île, elle employa la ruse pour se la procurer. Il s'y fit des menées sourdes; et l'insurrection de Mannarino, en 1775, fut l'ouvrage du Marquis de Cavalcabo, ministre de Russie. Mais les tentatives de cette puissance échouèrent comme celles de l'Angleterre avant cette époque. Il était réservé à la France de ranger Malte sous ses lois : elle en eut quelque temps la possession, et aurait pu se la conserver, si le gouvernement d'alors, moins occupé de son ambition particulière, et pénétré d'avantage des véritables intérêts de la nation, avait su, en défendant une île si précieuse, sauver des entraves de ses voisins le commerce de la France, qui serait devenue par là maîtresse de la Méditerranée, et de tout le commerce du Levant; dût-on, par la suite, traiter avec l'Ordre des Chevaliers de Malte, que l'on aurait pu rétablir dans cette île.

Enlevé dans Patras par de cruels vainqueurs...

Lascaris, officier turc, chrétien et grec de naissance, était de l'illustre maison de ce nom, qui avait donné à l'Orient plusieurs Empereurs. Les Turcs, à la prise de Patras, ville de la Morée, le firent escalve fort jeune. Il fut élevé dans leur religion, et par un reste de considération pour la noblesse de son origine, on prit grand soin de son éducation.

Il servit d'abord parmi les spahis (cavaliers turcs), et par sa valeur il parvint aux premiers emplois de ce corps.

De leur énorme tube, infernale machine...

(*Chant V.*)

Les Turcs avaient dans ce siége des canons d'une excessive grosseur, de dix-huit pieds de longueur, appelés *basilics*, et qui portaient des boulets de deux jusqu'à trois pieds de diamètre : on prétend même qu'un de ces basilics, d'une énorme grandeur, tirait des boulets de pierre de cent soixante livres pesant. Le bruit de ces effroyables machines se faisait entendre à plus de cent milles à la ronde.

Ils font céder le roc à leur bouillant courage...

Quelque dur que fût le terrein sur lequel le fort Saint-Elme était bâti, à force de pionniers, les Turcs, dit l'histoire de Malte, poussèrent une mine sous le premier parapet de ce fort.

Cependant loin de Malte, et toujours dans l'attente...

(*Chant VI.*)

Le sixième Chant de la Maltéïde n'est rempli en partie que de la catastrophe d'Elvire. Qu'il soit permis de faire ici quelques remarques sur l'invention de ce personnage.

L'auteur, suivant l'histoire, n'avait pour cause du siége de Malte, que la prise de quelques galions turcs, chargés de marchandises précieuses pour les odalisques, ou maîtresses du grand-seigneur. Un tel motif en épopée n'était ni assez digne, ni assez puissant pour engager Soliman à tourner ses armes contre les Chevaliers ; il fallait ennoblir le sujet, en employant un moyen qui joignît à l'outrage fait à sa hautesse, un attentat commis jusque sur son cœur. L'amour seul pouvait fournir ce moyen; et comme les mœurs turques étaient en droit de l'autoriser, le poète, en faisant de l'enlèvement d'une sultane favorite le nœud de son ouvrage, a pensé répandre plus d'intérêt sur le récit d'un siége qui n'en est que le résultat. Sans l'épisode d'Elvire, qui seul donne le mouvement à toute la machine du poëme, l'auteur eût été obligé de mettre en jeu plus de ressorts merveilleux, moyens presque toujours froids, par la raison qu'ils n'émanent le plus souvent que de choses qui nous sont peu familières, du ciel ou des enfers, dont les habitans trop éloignés de nous, pour ainsi dire, incompatibles avec l'espèce humaine, étrangers à notre société, sont peu propres à en faire les délices. Hommes, nous aimons à voir agir les hommes; et ce qui leur arrive d'heureux ou de malheureux, nous occupe, nous flatte infiniment plus que tout ce qu'on peut nous raconter d'extraordinaire de l'Olympe ou du Tartare.

L'auteur de la Maltéide s'est donc efforcé, en cherchant à se conformer au goût d'un siècle éclairé, d'allier à la vérité de l'histoire, le merveilleux sans lequel il n'y a point d'épopée, et des fictions prises dans la nature, qui, en se rapprochant d'avantage de la condition humaine, peuvent être plus justement appréciées.

Sans doute l'intervention de Mahomet au commencement du poëme, présentera dans cette seconde édition un moyen plus épique que dans la première, dont le motif a pu paraître trop simple, ou pour mieux dire, trop naturel.

Et, roulant leur crystal, de limpides ruisseaux.

Mahomet dans son Alcoran, livre si merveilleux qui, selon quelques-uns, est de même date que la création du monde, dont l'original, disent-ils, fut mis en dépôt dans le ciel de la lune, et qui de cette cette planette et de ce ciel, dans des temps marqués par la providence, fut apporté par l'ange Gabriel au prophète, qui ne savait ni lire ni écrire, Mahomet, disons-nous, fait dans son Alcoran des peintures et des descriptions très-vives des récompenses et des peines de l'autre vie. De tous les motifs qui peuvent remuer les hommes, il n'employait guères que l'espérance et la crainte.

S'il s'agissait du paradis, comme il parlait à des peuples brûlés de l'ardeur du soleil, et qui habitaient sous la zone torride, il leur représente ce lieu de félicité comme un jardin où coulaient des fontaines et des liqueurs rafraîchissantes, planté d'arbres toujours verts, et qui portaient en tout temps des fruits délicieux. Et pour la satisfaction des hommes sensuels et voluptueux, dans un pays où, au rapport d'Ammien Marcellin, il n'est pas croyable avec quel emportement les hommes et les femmes s'abandonnaient à l'impudicité, *incredibile est quo ardore apud eos in venerem uterque solvitur sexus;* Mahomet pour les séduire, promet aux hommes que les pepins des fruits qu'ils mangeront dans le paradis, se changeront en autant de jeunes filles d'une beauté divine, créées exprès pour leur félicité, si douces et si complaisantes, que si une goutte de leur salive tombait dans la mer, elle serait capable d'en enlever toute l'amertume; et quoique dans un usage fréquent du mariage, toujours vierges et jamais mères.

Si cette doctrine flatta les hommes sensuels, des femmes âgées au contraire, et qui par là se croyaient exclues de ce lieu de délices, en furent alarmées. Une d'entr'elles, à ce qu'en dit *Lamay* dans son *Lathaif*, en porta des plaintes au prophète qui, pour les rassurer, lui dit qu'elles ressusciteraient toutes à l'âge de quinze ans, et avec une beauté parfaite; ce qui consola les vieilles et les laides.

Par opposition au paradis, Mahomet représente l'enfer comme une fournaise ardente, couverte et environnée en tout temps de nuages épais, et d'une fumée chaude et salée. Pour rafraîchissement, il fait avaler aux damnés une liqueur noirâtre toujours brûlante, semblable à de la poix fondue, qui circulera dans leurs veines : et il ne laisse à ces malheureux pour ombrage, qu'un certain arbre qu'il appelle *zacum*, dont les fruits, dit-il, représentent des têtes de diables.

Au reste Prideaux, auteur anglais, avoue qu'à l'égard du style et de la pureté du langage, le livre de l'Alcoran est le plus parfait que nous ayons de l'élégance dans la langue des Arabes : l'auteur y excelle dans des pensées brillantes, etc. (D. V.)

FIN DES NOTES DU TOME PREMIER.

www.ingramcontent.com/pod-product-compliance
Ingram Content Group UK Ltd.
Pitfield, Milton Keynes, MK11 3LW, UK
UKHW020250180726
13839UKWH00001B/276

9 782329 264431